알려줘
대전·세종
위인!

**알려 줘
대전·세종 위인!**

1판 1쇄 발행 2018년 5월 15일 | **1판 3쇄 발행** 2022년 6월 20일

글 김은빈 | **그림** 이수영
펴낸이 권준구 | **펴낸곳** (주)지학사
본부장 황홍규 | **편집장** 윤소현 | **편집** 양선화 박보영 김승주
디자인 최지윤 | **마케팅** 송성만 손정빈 윤술옥 이혜인 | **제작** 김현정 이진형 강석준
등록 2010년 1월 29일(제313-2010-24호) | **주소** 서울시 마포구 신촌로6길 5
전화 02.330.5263 | **팩스** 02.3141.4488 | **이메일** arbolbooks@jihak.co.kr
ISBN 979-11-6204-016-4 74990
ISBN 979-11-6204-005-8 74990(세트)
잘못된 책은 구입하신 곳에서 바꿔 드립니다.

 제조국 대한민국   **사용연령** 8세 이상
KC마크는 이 제품이 공통안전기준에 적합하였음을 의미합니다.

 아르볼은 '나무'를 뜻하는 스페인어. 어린이들의 마음에
담긴 씨앗을 알찬 열매로 맺게 하는 나무가 되겠습니다.
홈페이지 www.jihak.co.kr/arb/book | **포스트** post.naver.com/arbolbooks

10 우리 고장 위인 찾기

알려 줘
대전·세종
위인!

글 김은빈 | 그림 이수영

지학사아르볼

 펴냄 글

사회 공부의 첫걸음은
《우리 고장 위인 찾기》와 함께

이제 막 3학년이 된 아이들에게 '사회'란 매우 낯설고 어려운 개념일 거예요. 처음 만나는 사회, 쉽고 재미있게 배울 수 있는 방법이 없을까요?
《우리 고장 위인 찾기》시리즈는 초등학교 사회 교과서의 첫 내용인 '우리 고장'을 통해 사회의 개념과 의미를 깨닫도록 만들었습니다. 고장의 위인과 함께 옛이야기, 문화유산, 지역 정보를 풍부하게 담았지요. 이 책과 함께라면 우리 고장을 더 잘 이해하고 사랑하게 되는 것은 물론, 역사와 지리에 관한 지식까지 쌓을 수 있을 거예요. 초등학교 사회, 《우리 고장 위인 찾기》로 시작해 보세요.

옛이야기
우리 고장의 재미있는 옛이야기를 만날 수 있어요.

자랑스런 우리 고장
우리 고장을 더 자세히 알고 자긍심을 느껴요.

문화유산
우리 고장의 빛나는 문화유산을 함께 알게 돼요.

사회 공부
역사 박사, 지리 박사가 될 수 있어요.

교과 연계
교과서 속 학습 내용과 연계되어 있어요.

우리 고장 위인

3학년 1학기 사회
1. 우리 고장의 모습
2. 우리가 알아보는 고장 이야기

학교 공부에 활용하는
《우리 고장 위인 찾기》

● **학교 숙제와 조사에 활용해요.**

우리 고장 위인과 옛이야기를 찾아야 한다고요?
《우리 고장 위인 찾기》가 있다면 걱정 없어요.
알짜만 쏙쏙 뽑아낸 위인 정보는 물론 재미있는 이야기가 실려 있어요.

● **생생한 역사 체험 학습을 떠나요.**

우리 고장에 남겨진 위인의 발자취는 체험 학습의 훌륭한 길잡이가 될 거예요.
위인과 관련된 유적지부터 고장의 명소와 축제까지 다양하게 소개합니다.

차례

대전

대전 소개 | 대전은 어떤 곳일까? · 8

01 차별에 맞서 민란을 일으킨 고려의 백성
망이와 망소이 | 10

02 훌륭한 시를 많이 쓴 조선의 문학가
신흠 | 18

03 유학을 발전시킨 조선의 학자
송시열 | 26

04 《구운몽》을 쓴 조선의 소설가
김만중 | 36

05 당당한 여성의 삶을 산 조선의 시인
김호연재 | 46

06 갑신정변을 일으킨 조선의 개혁 정치가
김옥균 | 56

07 역사 연구를 통해 독립운동을 이끈 역사학자
신채호 | 66

위인 따라 대전 체험 학습 · 76
더 알아보는 위인 | 우리도 대전 위인이야! · 78

세종

세종 소개 | 세종은 어떤 곳일까? · 80

01  끝까지 절개를 지킨 고려의 장수
임난수 | 82

02  나라의 땅을 크게 넓힌 조선의 신하
김종서 | 90

03  왕에게 나라의 개혁을 제안한 조선의 학자
이유태 | 100

04  아름다운 예술가 정신을 실천한 화가
장욱진 | 106

위인 따라 세종 체험 학습 · 112
더 알아보는 위인 | 우리도 세종 위인이야! · 114
대전·세종 위인 찾기 · 116

 대전 소개

대전은 어떤 곳일까?

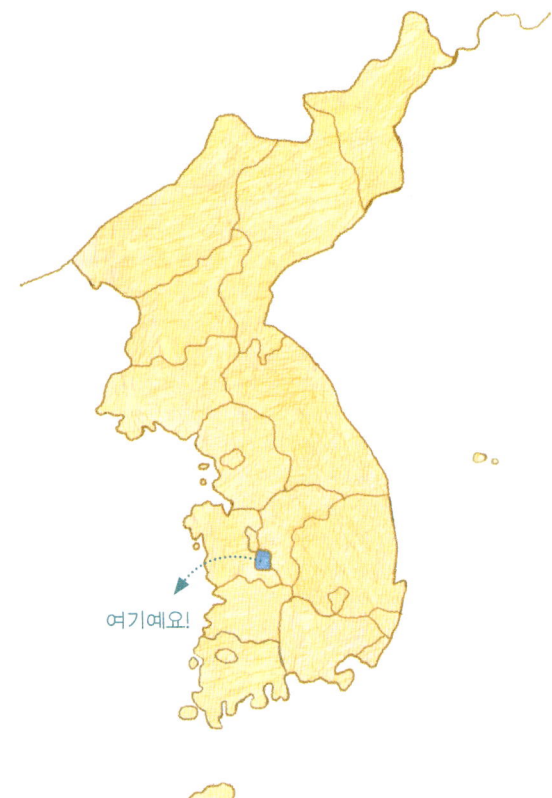

여기예요!

대전의 역사

옛날에 이 지역은 '한밭 마을'이라고 불렸어요. 한밭은 '큰 밭'이라는 뜻이에요. 그래서 오늘날 대전(大^{클대}田^{밭전})이라고 부르게 되었답니다.

대전은 1905년에 경부선(서울과 부산을 잇는 철도)이 다니는 기차역이 생기면서 큰 도시로 성장했어요. 이어서 대전과 목포를 잇는 호남선이 생기고, 서울과 부산을 잇는 경부 고속 도로가 대전을 지나게 됐지요. 이로써 대전은 충청도의 최대 도시로 발전했답니다.

대전은 인구가 늘어나면서 1989년에 대전직할시로 승격했습니다. 이어 1995년에는 대전광역시가 되었어요.

대전의 자연

대전은 산으로 둘러싸인 평평한 땅(분지)이에요. 주변에 식장산, 계족산, 보문산, 계룡산 등이 있지요. 대전의 동북부 지역에는 우리나라 4대 강 중 하나인 금강이 흐릅니다. 대전 시내에는 금강으로 흘러드는 작은 물줄기가 여럿인데 갑천, 대전천 같은 하천들이 있답니다.

대전은 분지인 탓에 다른 도시와 비교하면 여름과 겨울의 온도 차이가 큰 편이에요.

대전의 문화유산

대전에는 고인돌 유적이 남아 있어요. 이를 통해 선사 시대부터 대전에 사람이 살았다는 것을 알 수 있지요. 대전은 조선 시대에 유교 문화가 발달한 곳이에요. 그 영향으로 유교 관련 문화재인 회덕 향교, 진잠 향교, 숭현 서원 등이 있답니다.

대전은 우리나라를 대표하는 과학 도시이기도 해요. 유성구에 있는 대덕 연구 단지처럼, 우리나라 과학 발전에 큰 발자취를 남긴 연구 시설들이 대전에 있답니다.

대·전·위·인 | 01

차별에 맞서 민란을 일으킨 고려의 백성
망이와 망소이

고려 | 망이(? ~ ?), 망소이(? ~ ?) | 민란군 지도자

고려 명종 때 백성들은 큰 고통을 겪었단다.
먹을 것이 없어서 굶어 죽는 사람이 많았지.
이것도 힘든데, 우리 마을 사람들은
이런저런 차별을 받았어.
더 이상 참을 수 없었기에 우린 결국
민란★을 일으켰단다.

우리는 지금의
대전 땅에서 살았어.
이곳 주민들과 힘을 모아
나라의 차별 정책에
맞서 싸웠단다.

★ **민란** 포악한 정치 등에 반대하여 백성들이 들고일어나는 것

인물 소개

망이와 망소이는 고려 시대에 공주 명학소에 살던 형제예요. 이들이 살던 시기는 고려 장군들이 반란(1170년)을 일으켜 권력을 잡았던 때예요. 정권을 잡은 장군들은 백성을 나 몰라라 하고 자기들을 위한 정치를 펼쳤어요. 이 때문에 나라가 어지러워졌고 백성은 가난해졌지요. 망이와 망소이 형제는 이러한 문제에 맞서 싸우기 위해 사람들을 모아 민란을 일으켰답니다.

망이와 망소이의 이모저모

★ **공산품** 사람의 손이나 기계를 이용하여 만드는 물품

우리가 알아야 할 **망이·망소이** 이야기

백성의 힘을 보여 주자!

망이·망소이의 업적 이야기

망이와 망소이는 뭘 했을까?

고려 시대에는 향, 소, 부곡이란 마을이 전국 곳곳에 있었어요. 향, 소, 부곡은 종이, 숯 등 나라에 바칠 특정한 물건을 만드는 사람들이 모여 사는 곳이었지요. 망이와 망소이가 살던 명학소도 그런 마을이었어요.

그런데 향, 소, 부곡의 주민들은 다른 마을 사람들에 비해 많은 차별을 받았어요. 더 많은 세금을 내야 했고, 제대로 된 공부도 할 수 없었지요. 나라의 가혹한 정책 때문에 목숨을 잃는 사람들도 많아졌어요. 이 상황을 견디다 못한 망이, 망소이 형제는 1176년에 민란을 일으켰지요.

형제가 이끄는 민란군은 공주성과 예산을 차례로 정복했어요. 깜짝 놀란 조정★은 화가 난 백성들을 달래기 위해 차별을 없애겠다는 대책을 내놓았지요. 민란군은 기뻐하며 마을로 돌아갔어요.

망이·망소이의 1차 반란

민란군이 제자리로 돌아가자, 고려 조정은 태도를 바꾸었어요. 민란에 적극적으로 참여한 사람들을 체포하라고 한 거예요. 망이, 망소이를 비롯한 민란군은 약속을 어긴 조정에 화가 났어요. 그래서 1177년 2월에 두 번째 민란을 일으켰습니다. 망이와 망소이는 정부에 항의 편지도 보냈어요. 편지의 내용은 다음과 같았어요.

"우리를 위로하는 척하더니, 어떻게 다시 군사를 보내 우리 가족까지 감옥에 가둔단 말이냐? 이번에는 힘을 모아 개경★으로 쳐들어갈 것이다!"

망이·망소이의 2차 반란

★ **조정** 임금이 신하들과 나랏일을 하는 곳
★ **개경** 고려의 수도로 오늘날의 개성을 말함

어려움 속에서 싸운 민란군

민란군은 주변 지역을 점령한 뒤 청주로 쳐들어갔어요. 그러자 고려 조정에서는 많은 군사를 충청도로 보냈지요.

얼마 후 관군과 민란군 사이에 전투가 벌어졌어요. 관군은 민란군에 비해 훨씬 좋은 무기를 갖고 있었어요.

결국 민란군은 밀리기 시작했고 먹을 것도 점점 줄어들었어요. 심지어 농사짓는 시기가 되자 사람들이 민란군에서 하나둘 빠져나갔어요. 결국 1177년 6월, 망이와 망소이는 항복하고 말았어요.

권력자들이 제멋대로 나라를 다스릴 때 가만있으면 안 돼. 백성의 힘을 보여 줘야 해. 그래야 잘못된 세상을 바꿀 수 있어!

민란이 남긴 것

민란은 실패로 끝났지만 이 사건은 고려에 좋은 변화를 불러왔어요. 나라에서 향, 소, 부곡의 숫자를 줄이고 주민들에 대한 차별을 줄인 겁니다. 살기 좋은 세상을 만들기 위해 노력한 망이, 망소이, 그리고 민란군의 노력이 도움이 된 거예요.

망이·망소이와 함께 보기

고려 시대의 주요 도시

이것은 고려 시대의 큰 도시를 나타낸 지도예요. 고려는 전국을 5개의 '도'와 2개의 '계'로 나누었지요. 이 일곱 곳을 합쳐 '5도 양계'라고 해요.

5개의 도는 경상도, 전라도, 양광도, 서해도, 교주도입니다. 오늘날 충청도 지역의 대부분은 양광도에 속했어요. 그 후로 다른 지역과 합쳐졌다 나눠지기를 반복하다가 공민왕 때 충청도가 되었답니다.

양계는 북계와 동계인데, 북쪽 국경 지역에 있었습니다.

고려는 5도 양계에 속한 여러 고장을 관리하기 쉽게 더 작게 나누었어요.

경(京), 목(牧), 부(府), 군(郡), 현(縣), 진(鎭) 등 여러 등급으로 나눴지요.

지도를 보면 4개의 '경'이 있습니다. 고려의 수도였던 개경, 서경(오늘날 북한의 평양), 남경(오늘날 서울), 동경(오늘날 경상북도 경주)입니다.

'경' 다음으로 중요한 지역은 '목'이라고 했어요. 오늘날 대전은 공주목에 속한 땅이었답니다.

역사 **체험 학습**

망이·망소이의 발자취

명학소 민중 봉기 기념탑

📍 대전광역시 서구 탄방동

민중은 국가를 구성하는 백성을 뜻해요. 봉기는 많은 사람이 원하는 것을 이루거나 잘못된 일에 항의하기 위해 다 함께 들고일어나는 것을 말하지요.

망이·망소이의 난이 일어난 명학소는 오늘날 대전광역시 서구 탄방동에 있었어요. 그래서 이 지역에 있는 남선 공원에 봉기를 기념하는 탑을 세웠어요.

높이는 약 20미터로, 탑 주변에는 민중군 동상이 세워져 있답니다.

TIP 신분 제도에 맞서 싸운 노비들 – 만적의 난

군인들이 권력을 잡은 후 고려의 정치는 크게 어지러워졌어요. 망이·망소이의 난과 같은 민란이 전국 곳곳에서 일어났지요. 대표적인 사건으로 '만적의 난'이 있어요.

만적은 당시 고려 정권의 우두머리였던 최충헌의 노비였어요. 그는 신분 제도를 없앨 것을 주장하며 1198년 고려의 수도 개경에서 난을 일으켰지요. 비록 난은 실패했지만, 억압받던 낮은 계급의 사람들이 자신의 권리를 찾기 위해 한목소리를 냈다는 점에서 높이 평가받고 있답니다.

대·전·위·인 | 02

훌륭한 시를 많이 쓴 조선의 문학가

신흠

조선 | 1566 ~ 1628 | 문신

나는 서울에서 태어났지만, 대전은 나의 또 다른 고향이야. 어린 시절을 대전에 있는 외할아버지 댁에서 보냈거든. 나는 대전에서 공부하며 꿈을 키워 나갔단다.

인물 소개

양반집에서 태어났지만, 불행하게도 일곱 살 때 부모님을 여의었어요. 그 후 외가에서 자란 그는 외할아버지의 가르침 속에서 열심히 공부했습니다. 1585년 스무 살 때 과거에 1차로 합격하고, 다음 해에 최종 합격하여 관리가 되었어요. 한문학(한자로 쓴 문학)의 대가*였던 그는 많은 한시(한자로 쓴 시)를 썼습니다.

신흠의 이모저모

- **시대**: 조선
- **태어난 곳**: 서울에서 태어나 대전에서 자랐어요.
- **생년월일**: 1566년에 태어났어요.
- **별명**: 문서의 달인
- **직업**: 문신, 문학가
- **대표작**: 《상촌집》

★ **대가** 높은 경지에 이른 전문가

 우리가 알아야 할 **신흠** 이야기

슬퍼만 하지 않을 거야!

신흠은 조선의 수도 한양에서 태어났어요. 그는 양반집에서 태어나 부모님의 사랑을 받으며 귀하게 자랐지요.

신흠이 일곱 살이었을 때는 가족이 개성에 살았어요. 아버지가 개성에서 벼슬을 지냈기 때문이에요.

그러던 어느 날, 신흠에게 슬픈 일이 일어났어요. 갑작스럽게 어머니가 돌아가신 거예요. 더욱 안타깝게도 얼마 뒤, 아버지마저 세상을 떠났답니다. 결국 신흠은 고아가 되고 말았어요.

"부모를 잃은 이 아이들을 어찌하지요?"

장례를 치른 후, 친척들은 한데 모여 신흠과 그의 동생의 앞날에 대해 의논했어요. 어른들은 고민 끝에 신흠과 동생을 대전에 있는 외가로 보냈지요.

신흠의 외할아버지는 조선 중기에 벼슬을 지낸 송기수예요. 송기수는 대전으로 온 신흠을 위로했어요.

"세상에 부모 잃은 아이가 너 하나는 아닐 것이다."

신흠이 눈물을 참으며 말했습니다.

"생각하지 않으려고 애쓰고 있습니다만, 부모님 얼굴이 자꾸만 떠오릅니다. 그러면 저도 모르게 눈물이 납니다."

외할아버지는 어린 신흠이 눈물을 꾹꾹 참는 모습을 보자 마음이 아팠어요.

"부모님은 하늘나라에서 너를 지켜볼 것이다. 그런데 네가 슬픔에만 빠져 있으면 부모님 마음이 어떻겠느냐? 분명 마음 아플 것이야."

신흠은 외할아버지의 따뜻한 말에 고개를 끄덕였어요. 그러고는 하늘을 올려다보았지요. 푸른 하늘에 부모님의 얼굴이 떠올랐어요. 또 눈물이 나올 것 같았어요.

그때 할아버지가 신흠의 손을 따뜻하게 잡으며 말했어요.

"네 부모가 너에게 바라던 것이 하나 있었단다."

"그것이 무엇이옵니까?"

"네가 글공부를 열심히 하여 훌륭한 선비가 되는 것이었지."

그 말에 어린 신흠은 공부를 열심히 하겠다고 다짐했답니다.

세월이 흘러 청년이 된 신흠은 과거를 보기 위해 시험장으로 향했어요. 그는 시험이 시작되기 전, 답안지 앞에 앉아 하늘을 올려다보았어요.

'어머니, 아버지! 저에게 큰 지혜를 주셔서 이 시험을 잘 치를 수 있게 도와주세요.'

이윽고 시험 문제가 발표되었어요. 신흠은 붓을 들고 집중하여 답안을 써 내려갔어요. 그는 그동안 과거 준비를 열심히 했고, 글솜씨도 좋았기 때문에 자신의 생각을 술술 썼지요.

시험 결과는 합격이었어요. 신흠은 여러 관직을 거치며 나랏일을 도왔어요. 신하들 중 가장 높은 벼슬인 영의정을 지내기도 했답니다.

신흠의 업적 이야기

신흠은 뭘 했을까?

외교 문서를 잘 작성한 신흠

1592년 조선은 일본의 침략을 받았어요. 이를 '임진왜란'이라고 해요. 위기에 빠진 조선은 당시 중국을 다스리던 명나라에 군사를 보내 달라고 요청하기로 했지요.

명나라의 도움을 받으려면 제일 먼저 외교 문서를 잘 써서 보내야 했어요. 나라에서는 신흠을 비롯해 글 잘 쓰는 신하들을 모아 외교 문서를 만들게 했어요.

신흠은 전쟁 동안 많은 외교 문서를 썼고, 덕분에 명나라가 군대를 보내 줬어요. 이는 일본을 조선 땅에서 몰아내는 데 도움이 되었지요.

전쟁이 끝난 후, 신흠은 나라의 여러 책을 펴내는 데도 참여했어요. 당시 조선을 다스리던 선조는 신흠을 아꼈지요. 그는 예조 판서 등 높은 벼슬에도 올랐어요. 선조가 죽었을 때는 신하들을 대표하여 선조의 죽음을 애도하는 글을 쓰기도 했답니다.

유배를 간 신흠

1613년, 신흠에게 불행한 일이 생겼어요. 당시 신하들 사이에 정치 다툼이 벌어졌는데, 권력을 쥔 세력이 신흠을 벼슬에서 쫓아낸 거예요.

신흠은 결국 강원도 춘천에서 오랫동안 유배 생활을 했답니다. 유배란 죄인을 먼 시골이나 섬으로 보내 살게 하던 벌을 뜻해요.

신흠은 유배지 춘천에서 많은 문학 작품을 썼어요. 특히 한시(한자로 된 시)를 많이 썼지요. 그는 평생 동안 2,036편의 한시를 남겼어요. 또 한글로 된 시조도 30편 가까이 지었답니다. 신흠이 유배지에서 쓴 시를 감상해 볼까요?

산촌에 눈이 오니 세상으로 향하는 길도 눈에 묻혔구나
사립문*을 열지 마라, 나를 찾는 사람이 누가 있겠는가
그래도 이 밤중에 한 조각 밝은 달이 내 벗인가 하노라

유배지에서 쓴 시

★ **사립문** 나뭇가지를 엮어서 만든 문

조선을 대표하는 문장가

글을 잘 쓰는 사람을 문장가라고 해요. 신흠은 조선을 대표하는 네 명의 문장가 중 한 사람이지요. 조선의 4대 문장가는 신흠, 정철, 박인로, 윤선도입니다.
조선 시대 선비들은 한자를 이용한 글을 많이 썼어요. 신흠은 조선의 한문학을 대표하는 문장가라고도 평가받고 있답니다.

어릴 때부터 책을 많이 읽어서 글을 아주 잘 쓰게 되었어.

23

신흠과 함께 보기

신흠의 시 감상하기

신흠의 작품은 오늘날에도 좋은 평가를 받고 있어요. 그가 남긴 작품 중에서 유명한 시를 소개할게요. 그의 시 〈야언〉에 나오는 구절이에요.

오동나무는 천년이 되어도 항상 곡조를 간직하고
매화는 평생을 춥게 살아도 향기를 팔지 않는다.
달은 천 번을 기울어져도 그 모습을 지니고 있고
버드나무는 백 번 꺾여도 새 가지가 돋아난다.

이 중에서도 특히 유명한 문장은 '매화는 평생을 춥게 살아도 향기를 팔지 않는다'라는 부분이에요. 매화꽃은 날씨가 추운 늦겨울부터 이른 봄에 걸쳐 피어나지요.
신흠은 어려움 속에서도 절개를 지키며 사는 선비의 올바른 태도를 추운 날에 피는 매화에 빗대어 표현했답니다.

> **TIP 신흠이 남긴 시문집 《상촌집》**
>
> 조선 시대 선비 중에는 평생 쓴 글을 모은 문집을 펴내는 사람이 있었습니다. 문집은 본인이 살아 있을 때 펴내기도 하고, 죽은 후에 후손들이 펴내기도 했어요. 신흠의 시문집 《상촌집》은 신흠이 죽은 후 그의 아들이 아버지의 글을 정리하여 펴낸 문집이랍니다.

역사 **체험 학습**

신흠의 발자취

숭현 서원

📍 대전광역시 유성구 원촌동

♦ 대전광역시 기념물 제27호

숭현 서원은 훌륭한 선비에게 제사를 드리고, 학생들에게 유학을 가르치던 곳이에요. 이 건물은 1871년에 없어졌으나, 1994년에 다시 지어져 옛 모습이 재현되었어요.
이곳에는 서원의 유래를 새겨 놓은 비석이 있는데, 신흠이 이 글을 썼답니다.

대전 문학관

📍 대전광역시 동구 용전동

☎ 042)626-5021

대전은 조선 시대에 신흠, 송시열, 김만중, 김호연재 등 글을 잘 쓴 위인이 많이 나온 고장입니다. 대전 문학관은 이를 기념하기 위해 세워졌어요. 현재 활동 중인 문학가들의 작품 세계도 엿볼 수 있어요.

대·전·위·인 | 03

유학을 발전시킨 조선의 학자

송시열
조선 | 1607 ~ 1689 | 문신, 학자

나는 어릴 때부터 유학을 공부하였단다.
특히 성리학에 관심이 많았지.
나는 성리학을 꾸준히 연구하고
나라에 널리 알리려고 노력했어.

인물 소개

어린 시절을 대전에서 보낸 그는 송준길과 함께 공부하며 우정을 나누었어요. 스물여섯 살에는 과거에 1등으로 합격했고, 벼슬을 지내면서 봉림 대군(효종)의 스승이 되기도 했어요. 조선 시대 중기부터 신하들은 여러 무리로 나뉘어 정치적인 경쟁을 했어요. 이를 '당파'라 하지요. 송시열은 여러 당파 중에서 노론의 최고 지도자로 활동했답니다.

송시열의 이모저모

시대 조선

태어난 곳 충청북도 옥천에서 태어나 대전에서 자랐어요.

직업 문신, 유학자

별명 송자★

생년월일 1607년 12월 30일에 태어났어요.

성리학

★ 30쪽에 설명이 있어요.

우리가 알아야 할 **송시열** 이야기

청나라에 당한 치욕을 갚아야 해!

1636년 중국을 다스리던 청나라가 조선에 쳐들어왔습니다. 이 사건을 병자호란이라고 해요. 조선의 왕 인조는 신하와 군사를 데리고 경기도에 있는 남한산성에 들어가 청나라의 공격을 막았어요. 이때 젊은 신하였던 송시열도 남한산성에서 왕을 모셨지요.

조선은 청나라의 공격을 막지 못하여 결국 항복했어요. 이때 인조는 청나라 황제에게 잘못을 비는 의미로 세 번 큰절을 하고 아홉 번 머리를 조아려야 했습니다. 심지어 청나라 군대는 중국으로 돌아갈 때 인조의 두 아들 소현 세자와 봉림 대군을 포로로 끌고 갔어요.

이 일로 송시열은 크게 좌절했어요. 송시열은 조정에서 벗어나 어린 시절 공부하며 꿈을 키웠던 대전으로 향했습니다. 그는 10년 동안 대전에서 유학을 공부하고, 제자들을 가르쳤어요.

송시열이 다시 조정으로 돌아간 것은 1649년 효종이 왕위에 올랐을 때예요. 인조의 아들 봉림 대군이 바로 효종이지요. 송시열은 효종이 어렸을 때 학문을 가르쳐 준 스승이었답니다.

효종은 옛 스승이었던 송시열을 아끼고 의지했어요. 그에게 높은 벼슬을 주었고, 나라의 중요한 일을 송시열과 의논했지요.

그러던 어느 날이었어요. 송시열이 효종에게 상소를 올렸어요. 상소란 신하가 임금에게 나랏일에 대한 의견을 전하는 일이에요. 이 상소의 내용은 다음과 같았어요.

> 명나라를 정복하고 중국을 차지한 청나라는 정통성이 없는 나라입니다.
> 또한 병자호란 때 조선에 치욕을 준 나라이므로,
> 청나라를 쳐 부끄러움을 씻어야 합니다.

효종은 송시열의 상소에 고개를 끄덕였어요. 그는 송시열의 주장에 따라 군사력을 키워 청나라를 정벌한다는 계획을 세웠어요.

당시 조선의 군사력은 청나라보다 약했어요. 그런 점에서 효종의 계획은 부족한 면이 많았지요. 그럼에도 효종이 청나라를 공격하려던 것은 어떻게 해서든 조선이 당한 치욕을 갚고 싶은 마음이 간절했기 때문이었어요.

하지만 효종은 청나라에 복수하려던 꿈을 이루지 못했어요. 당시 조정에는 청나라와 친하게 지내야 한다고 주장하는 신하들이 있었습니다. 그들 중 한 사람이 청나라에 효종의 계획을 일러바친 거예요. 그 후 청나라는 조선을 더 압박했어요.

결국 이 일로 송시열은 관직에서 물러나고 말았어요. 그 후 다시 벼슬에 오르기까지 송시열은 대전에 살면서 유학을 더욱 깊이 있게 공부하였답니다.

 **송시열**의 업적 이야기

송시열은 뭘 했을까?

요즘 학교에서는 국어, 영어, 수학, 과학 같은 과목이 중요하지만 조선 시대에는 달랐어요. 서당에서 공부하는 어린아이부터 과거를 준비하는 젊은 선비까지, 그들에게 가장 중요한 학문은 유학이었습니다.

당시 유학을 공부하여 벼슬에 오른 사람을 사대부라고 했어요. 조선 시대 사대부들은 왕을 모시고 나라를 이끄는 중심 세력이었지요.

유학의 한 갈래인 성리학은 인간의 마음과 사회 관계, 사물의 근본 이치와 우주의 원리 등을 탐구하는 학문이에요. 조선 시대에 성리학이 발전하는 데는 송시열의 역할이 컸답니다.

성리학의 발전을 이끎

조선의 송자

젊은 시절부터 성리학을 공부한 송시열은 송나라의 성리학자 주자의 이론에 공감했어요. 그는 주자가 쓴 책을 쉽게 풀이하여 펴내고, 이것을 다른 선비들에게 가르치는 일에 앞장섰어요.

이런 활동 덕분에 많은 선비들이 송시열을 조선을 대표하는 유학자로 떠받들었어요. 제자들은 송시열을 중국의 유학자 공자와 주자를 잇는다 하여 그를 '송자'라고도 불렀지요. 여기에서 '자'는 학식이 높은 사람을 공경하는 뜻으로 붙이는 말이랍니다.

> 송시열을 추모하는 서원

송시열은 숙종 때인 1689년 죽었어요. 그는 숙종이 궁녀 출신의 장 희빈이 낳은 왕자에게 왕위를 물려주려는 것에 반대했어요. 왕은 크게 분노하여 송시열에게 사약을 먹고 죽으라는 벌을 주었어요. 결국 그는 제자들이 보는 앞에서 사약을 마시고 세상을 떠났답니다.

1694년, 나라의 권력을 잡은 사람들이 많이 바뀌면서 송시열의 억울한 죽음이 무죄로 바뀌고, 명예도 되살아났어요. 이후 놀라운 일이 일어났어요. 전국의 23개 서원에서 매년 송시열을 추모하는 제사를 드린 거예요. 이것만 보아도 송시열이 당시 선비들에게 얼마나 존경받던 학자인지 알 수 있겠지요?

TIP 《조선왕조실록》에 가장 많이 등장하는 이름

조선의 역사를 기록한 책 《조선왕조실록》에는 여러 사람의 이름이 등장해요. 그중에서 왕을 빼고, 가장 많이 나오는 이름이 바로 송시열이에요.
송시열은 살아 있을 때 천 번 이상, 죽은 뒤에는 2천 번 이상 이름이 나온답니다. 그만큼 송시열이 존재감이 높은 조선 최고의 학자였음을 알 수 있어요.

송시열과 함께 보기

송시열 못지않게 유명한 유학자
송준길

송준길 (1606~1672) 유학자

대전에서 태어난 송준길은 송시열과 더불어 조선 시대에 충청도를 대표하는 유학자예요.

송준길은 송시열과 친척 사이였어요. 두 사람은 송시열이 여덟 살 때 송준길의 집에서 공부하면서 알게 되었습니다. 나이는 송준길이 송시열보다 한 살 많았어요. 두 사람은 친구처럼 지내며 꿈을 키웠지요. 훗날 송시열과 송준길은 모두 훌륭한 학자가 되었는데, 두 사람을 가리켜 '양송'이라고도 해요.

송준길은 벼슬보다는 학문에 더 관심이 많은 사람이었어요. 왕이 그에게 여러 번 벼슬을 내렸지만 대부분 받아들이지 않고 대전에 머물면서 공부를 계속했습니다. 그러다 1649년 효종이 왕이 된 뒤 송시열과 같이 벼슬에 올랐습니다.

송준길의 묘(대전 서구 원전동)

송준길은 나랏일을 돕는 동안 송시열과 대부분의 의견이 같았어요. 특히 효종이 청나라를 공격할 계획을 세웠을 때, 그는 송시열과 더불어 이 정책을 적극 지지하였어요.

1665년 벼슬에서 완전히 물러난 그는 고향인 대전에 살면서 남은 삶을 보내다가 1672년에 죽었습니다.

송시열의 라이벌
윤선도

윤선도 (1587~1671) 문신·시인

송시열은 솔직하고, 자신의 주장에 확신이 있을 때는 절대 굽히지 않는 성격이었어요. 그래서 주변 사람들과 의견이 달라 충돌하는 경우가 종종 있었어요. 그중에서도 가장 크게 부딪힌 사람은 윤선도예요.

윤선도는 조선 중기의 문신이에요. 나이는 송시열보다 스무 살이나 많았지만, 나랏일이나 정치에 대한 생각이 서로 달랐기 때문에 많이 다투었어요.

송시열과의 정치 다툼에서 밀린 윤선도는 전라남도 남쪽에 있는 보길도로 유배를 떠났어요. 그는 보길도에서 자연을 친구 삼아 많은 시를 남겼지요. 송시열도 보길도에 간 적이 있었어요. 그가 제주도로 유배를 떠날 때 큰 파도를 만나 잠시 보길도에 머물게 되었지요. 송시열은 보길도의 풍경을 보며 임금에 대한 그리움을 표현한 시를 짓기도 했어요. 그는 그 내용을 바위에 새겨 놓기도 했답니다.

송시열의 시가 새겨진 글씐바위

사는 동안 송시열과 나는 많은 부분에서 생각이 달랐어. 하지만 보길도의 아름다움을 생각하는 마음은 같았을 거야.

역사 **체험 학습**

송시열의 발자취

우암 사적 공원

📍 대전광역시 동구 가양동

송시열의 업적을 기념하기 위해 만든 공원이에요. 우암은 송시열의 호*예요. 공원에는 송시열이 학문을 닦고, 제자를 가르쳤던 남간정사가 있습니다. 이곳은 대전광역시 유형문화재 제4호로 지정되어 있어요. 또 손님을 맞을 때 이용한 집 기국정도 있지요.

송시열의 유물을 보존하고 있는 유물관도 있는데, 송시열 문집을 새긴 송자대전판 등 역사적으로 중요한 문화재를 여럿 보존하고 있어요.

해마다 연꽃이 피는 연못도 있어 경치가 매우 아름다워요. 그래서 대전 시민들의 사랑을 받고 있답니다.

★ **호** 본명 외에 편하게 부르려고 지은 이름

남간정사

기국정

회덕 향교

♦ 대전광역시 대덕구 읍내동
♦ 대전광역시 문화재자료 제5호

향교는 여러 유학자의 제사를 지내고, 그 지역에 사는 학생들의 학교 역할을 하던 곳이에요. 오늘날에도 조선 시대에 지은 향교가 전국 곳곳에 남아 있어요.
회덕 향교는 조선 제4대 왕인 세종 때 처음 지었습니다. 임진왜란으로 불에 탔는데, 1600년에 다시 지었어요.
향교에서 제사를 지내는 집을 대성전이라고 해요. 회덕 향교의 대성전에서는 송시열을 비롯한 유명한 유학자의 위패*를 모시고 해마다 제사를 드린답니다.

★ **위패** 죽은 사람의 이름을 적어 모시는 나무패

괴산 송시열 유적

♦ 충청북도 괴산군 청천면
♦ 사적 제417호

충청북도 괴산군에는 화양동 계곡이라는 아름다운 계곡이 있어요. 송시열은 나이가 들어 벼슬에서 물러나 있을 때 이곳에서 머물렀어요. 이때 전국 곳곳에서 많은 선비들이 송시열을 만나러 화양동에 왔지요.
송시열이 죽은 후 이곳엔 송시열을 기념하는 화양 서원이 세워졌어요. 그의 묘도 이곳에 있지요.
유적지 근처에 있는 유명한 계곡인 '화양구곡'에는 송시열이 제사를 가르친 암시재라는 곳도 있답니다.

송시열 묘

암서재

대·전·위·인 | 04

《구운몽》을 쓴 조선의 소설가

김만중

조선 | 1637 ~ 1692 | 소설가, 문신

나는 어려서 유학을 열심히 배우고, 문학 작품도 많이 읽었어. 그러다 직접 소설을 쓰고 싶다는 생각을 했지. 나의 첫 소설은 어머니의 마음을 달래기 위해 쓴 《구운몽》이란다.

인물 소개

1637년, 어머니가 피란길에 오른 도중에 배 위에서 김만중을 낳았어요. 청나라가 조선에 쳐들어왔을 때, 여러 왕족(왕의 가족)은 강화도로 몸을 피했어요. 김만중의 아버지는 이때 강화도를 지키다가 목숨을 잃었지요. 남겨진 가족은 한양으로 돌아와 살았어요. 집안 형편은 어려웠지만 어머니의 헌신적인 교육 덕분에 잘 자랐지요. 그 후 과거에 합격하여 벼슬을 지냈고, 훌륭한 소설도 썼답니다.

김만중의 이모저모

- 시대: 조선
- 생년월일: 1637년에 태어났어요.
- 태어난 곳: 피란 가던 배에서 태어났어요.
- 호: 서포
- 직업: 소설가, 문신
- 대표 소설: 《구운몽》, 《사씨남정기》

우리가 알아야 할 **김만중** 이야기

어머니의 은혜에 보답할 거야!

　1637년 김만중의 어머니인 윤씨 부인은 강화도에서 한양으로 돌아왔어요. 그녀의 가족은 다섯 살 난 아들 김만기와 갓 낳은 아들 김만중뿐이었습니다.

　두 아이의 아버지는 강화도에서 청나라 군대와 싸우다가 죽었습니다. 어린 두 아들은 아버지의 죽음도 모르는 채 곤히 자고 있었어요. 어머니는 갓난아기인 김만중을 보며 다짐했어요.

　'이 아이는 평생 아버지의 얼굴을 볼 수 없는 불행한 운명을 타고났구나. 그러나 아버지 없는 아이라는 서러움을 느끼지 않게 키워야지. 반드시 훌륭한 사람이 되게 할 거야!'

시간이 흘러 두 아들이 어느 정도 자란 후, 어머니는 아이들에게 글공부를 시키기 시작했어요. 집안 형편이 넉넉하지 않았지만, 어머니는 아이들의 공부에 필요한 책을 어렵게 구해서 공부시켰습니다. 책을 구할 돈이 없으면 양반집에 가서 책을 베껴서 아이들에게 주었어요. 《소학》 같은 책은 어머니가 직접 자식들에게 가르치기도 하였지요.

이 무렵 어린 김만중은 아버지가 어떻게 죽었는지, 자신이 어떻게 태어났는지, 또 어머니가 얼마나 어렵게 자식들을 키우는지 알게 되었어요. 그는 고생하는 어머니를 보며 결심했어요.

'빨리 과거에 합격하여 어머니의 은혜에 보답할 거야!'

어머니가 자신에게 한 다짐을 지킨 것처럼, 김만중도 자신에게 한 약속을 지키기 위해 노력했어요. 열심히 공부한 그는 열네 살 때 처음 과거에 합격했어요. 스물아홉 살 때인 1665년 과거에서는 1등으로 최종 합격하여 벼슬길에 나갔습니다.

덕분에 가난한 살림살이가 나아졌습니다. 김만중은 어머니를 편히 모실 수 있게 되어 기뻤지요.

벼슬에 올라 중요한 관직을 계속 맡던 그는 1686년에 대제학이 되었어요. 대제학은 요즘으로 치면 교육부 장관과 같은 높은 벼슬이에요.

나랏일을 열심히 해 나가던 김만중에게 1687년 불행한 일이 일어납니다. 당시 궁궐은 왕비와 후궁* 문제를 두고 신하들 사이에 의견 다툼이 있었습니다. 왕비 편에 섰던 김만중은 숙종의 미움을 받아 벼슬에서 물러났지요. 그 후 평안도 선천 지방으로 유배를 떠났어요.

★ 후궁 임금의 정식 부인이 아닌 여자

유배지로 간 김만중은 한양에 계신 어머니가 걱정되었어요.

"어머니 곁을 지키지 못하다니 참으로 슬프구나. 내가 집으로 돌아갈 때까지 큰 걱정 안 하시고 평안하게 보내셨으면 좋겠는데……."

그는 이런 생각을 하다가 결심한 듯 붓을 들었어요. 그러고는 어머니의 마음을 달래 줄 이야기를 쓰기 시작했어요. 이것이 바로 소설 《구운몽》이지요.

김만중은 소설을 완성하여 어머니가 있는 한양으로 보냈습니다. 그는 어머니가 소설을 재미있게 읽는 동안에는 자식 걱정을 덜하기를 바랐습니다.

1년 후 김만중은 유배에서 풀려났어요. 그런데 다음 해에 다시 정치 사건에 휘말려 오늘날의 경상남도 남해 지방으로 유배를 떠났습니다.

김만중은 남해에서도 어머니를 걱정했어요.

"어머니 곁을 또 떠나오다니, 큰 불효를 두 번이나 하였구나!"

어머니의 생신날, 그는 남해에서 〈사친시〉를 썼습니다. 사친시는 '어머니를 생각하는 시'라는 뜻이에요.

> 오늘 아침 어머니가 그립다는 말을 쓰려 하니
> 글자를 쓰기도 전에 눈물이 이미 흥건하네
> 몇 번이나 붓을 적셨다가 도로 던져 버렸네
>
> —〈사친시〉 중에서—

김만중은 어머니에 대한 그리움이 너무 커서 글을 쓰는 것조차 힘들었어요. 그 마음을 고스란히 담은 이 시를 통해 김만중이 얼마나 효자였는지 알 수 있지요.

김만중은 이 시를 1689년 9월에 지었어요. 그로부터 3개월 후 김만중의 어머니는 세상을 떠났어요. 안타깝게도 그는 이 소식을 한 달이 지나서야 알게 되었습니다.

"아! 어머니, 나의 어머니!"

어머니의 소식을 뒤늦게 들은 김만중은 자신이 사는 남해의 초가집이 떠나가도록 통곡을 하였습니다.

김만중은 높은 벼슬에 오를 정도로 유명한 정치가였습니다. 또한 빼어난 문학가였습니다. 그러나 그에게 주목해야 하는 또 하나의 사실이 있습니다. 바로 어머니의 은혜에 보답하려고 노력한 효자였다는 사실입니다.

김만중의 업적 이야기

김만중은 뭘 했을까?

소설을 읽고 상상력을 기른 어린 시절

소설은 현대 문학을 대표하는 분야예요. 하지만 김만중이 살던 시절에는 소설가가 드물었어요. 이때 가장 유명한 소설은 중국의 소설인 《삼국지연의》였답니다. 이 소설은 유비, 관우, 장비 등의 영웅이 등장하는 이야기로, 요즘도 인기가 있어요.

김만중도 어린 시절에 《삼국지연의》를 읽었습니다. 그는 이 책을 보면서 소설이 사람들에게 재미, 감동, 교훈을 줄 수 있다는 걸 알았지요.

소설가가 된 유학자

소설을 쓰려면 상상력이 풍부해야 해요. 김만중은 유학 실력이 뛰어난 학자이자, 상상력이 풍부한 사람이었어요. 그러한 상상력 덕분에 그는 조선 시대 소설 중 가장 재미난 소설이라 평가받는 두 개의 작품을 썼어요. 《구운몽》과 《사씨남정기》라는 소설입니다.

이 두 편의 소설 외에도 김만중은 자신이 쓴 여러 글을 모은 《서포집》과 《서포만필》 등을 남겼답니다.

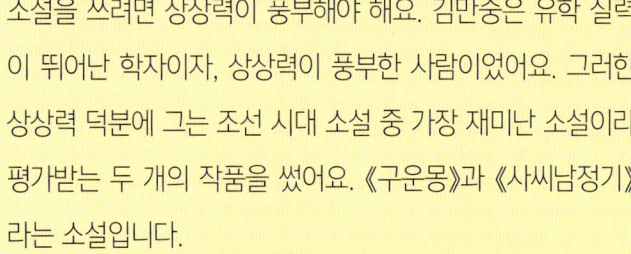

아홉 개의 꿈 이야기 《구운몽》

《구운몽》은 중국을 배경으로 한 소설이에요. 성진이라는 사람이 용왕의 대접을 받고 술에 취해 돌아오는 길에 여덟 명의 선녀를 만나서 벌이는 모험을 그린 소설입니다. 《구운몽》은 성진이 인생의 허무함에서 벗어나기 위해 선녀들과 같이 열심히 도를 닦아 극락*에 돌아가는 것으로 끝을 맺습니다.
김만중은 이 소설을 통해 욕심을 버리고 바른 삶을 사는 것이 중요하다는 것을 강조하고 있지요.

★ **극락** 매우 편안해서 아무 걱정이 없는 세상

사씨가 쫓겨난 이야기 《사씨남정기》

《사씨남정기》 역시 중국을 배경으로 한 소설이에요. 한 남자가 부인 사씨가 자식을 낳지 못하자, 교씨 부인을 첩으로 받아들입니다. 아들을 낳은 후 교만해진 교씨 부인은 사씨 부인을 모함하여 내쫓고 첫째 부인 자리를 차지합니다. 나중에 모함 사실을 알게 된 남편이 사씨 부인에게 사죄하고, 교씨 부인에게 벌을 주는 것으로 소설은 끝납니다.
이 소설의 내용은 요즘 소설과 비교하면 단순해 보일 수 있습니다. 그러나 이 소설이 조선 시대에 만들어졌다는 것을 고려하면, 김만중이 풍부한 상상력을 가진 소설가였음을 알 수 있습니다.

김만중의 발자취

김만중 문학비

📍 대전광역시 유성구 전민동

대전은 김만중의 조상이 살았던 곳이에요. 대전 유성구 전민동에는 김만중의 할아버지인 김반, 아버지 김익겸의 무덤이 있지요.

김만중은 대전에 종종 내려와 조상의 묘를 찾아왔을 거예요. 이를 기념하기 위해 묘지 근처에 김만중 문학비를 세웠답니다.

앞에서 본 것처럼, 김만중은 효자였어요. 대전에선 김만중의 효도 정신을 기념하는 백일장이 열리기도 해요.

대전 시립 박물관

📍 대전광역시 유성구 상대동
☎ 042)270-8600

대전시의 역사와 문화를 한눈에 살펴볼 수 있는 박물관이에요. 대전의 여러 유적지에서 발견한 유물과 시민들로부터 기증받은 문화재를 전시하고 있어요. 이곳에 가면 김만중이 쓴 편지도 볼 수 있어요.

김만중 유허지*-남해 노도

📍 경상남도 남해군 상주면

경상남도 남해군은 바다와 섬으로 이루어진 아름다운 고장입니다. 조선 시대 선비 중에는 바닷가로 유배를 간 사람들이 많았어요. 김만중도 남해에서 유배 생활을 하고, 이곳에서 죽었습니다.

★ **유허지** 유물이나 문화재가 있었다고 알려진 장소

남해 유배 문학관

📍 경상남도 남해군 남해읍
☎ 055)860-8888

남해군에는 김만중이 유배 온 역사적 사실을 기념하여 세운 남해 유배 문학관이 있습니다.
이곳에선 김만중처럼 유배 생활을 하면서 문학 활동을 한 선비들의 기록을 볼 수 있습니다. 김만중의 작품이 실린 옛날 책도 있지요. 남해군의 역사와 아름다운 자연을 보여 주는 전시 공간도 있답니다.
문학관 앞마당에는 유배 가는 선비를 묘사한 조형물 등 다양한 조각품을 전시하고 있습니다. 문학관 입구에는 김만중의 동상도 있지요.

대·전·위·인 | 05

당당한 여성의 삶을 산 조선의 시인
김호연재

조선 | 1681 ~ 1722 | 문학가

조선 시대에 여성은 많은 차별을 받았단다. 대부분 여성은 차별을 참고 살았지. 나는 남녀 차별이 옳지 않다고 생각했어. 그래서 글을 통해 이런 잘못된 현실을 바꿔야 한다고 말했단다.

인물 소개

충청남도 홍성에서 양반 집안의 막내딸로 태어났어요. 당시 여성은 서당에서 공부할 수 없었어요. 김호연재의 부모는 집에서 딸에게 글을 가르치고, 시 쓰는 법도 가르쳐 주었답니다. 이런 가정 교육 덕분에 김호연재는 생각이 깊고 문학을 사랑하는 사람으로 성장했어요. 대전 사람과 결혼한 뒤, 그곳에서 오래 살았답니다.

김호연재의 이모저모

- **시대**: 조선
- **호**: 호연재
- **생년월일**: 1681년에 태어났어요.
- **태어난 곳**: 충청남도 홍성에서 태어나 결혼 후에 대전에서 살았어요.
- **특기**: 시로 마음 표현하기
- **직업**: 문학가

우리가 알아야 할 **김호연재** 이야기

남자와 여자는 평등하다!

열아홉 살의 김호연재는 송요화와 결혼했어요. 그는 충청도에서 무척 유명한 선비인 송준길의 증손자였습니다. 조선 시대에 대부분 여성들은 스스로 남편을 선택하지 못했습니다. 김호연재 역시 집안 어른들이 정해 준 남자에게 시집을 갔지요. 시집을 가며 김호연재는 생각했어요.

'비록 내가 선택한 남편은 아니지만, 그의 아내로서 부끄럽지 않게 살아갈 거야.'

부부가 화목하려면 남편과 아내가 서로에게 잘해야 합니다. 이때 가장 중요한 것은 서로를 존중하는 것입니다. 김호연재는 남편을 존중하였어요. 아울러 남편에게 존중받기를 바랐지요.

하지만 뜻대로 되지 않았습니다. 남편은 김호연재가 그를 존중하는 것만큼, 아내를 존중하지 않았어요. 가정생활에도 충실하지 않았습니다. 집에 있는 시간보다 밖으로 떠도는 시간이 많았지요.

김호연재는 마음의 상처를 받았어요. 조선 시대에 많은 여성들이 김호연재와 비슷한 상처를 입었지요. 이런저런 남녀 차별 때문에, 가정생활에서도 남편이 아내를 무시하는 경우가 종종 있었기 때문이에요.

많은 여성들은 이런 상처를 운명처럼 받아들였어요. 집안의 화목과 체면을 위해, 자식들의 장래를 위해 자기가 받은 상처를 혼자 끌어안고 평생을 산 여성들이 꽤 많았다는 것이지요.

김호연재는 그러기 싫었습니다. 자기도 남편 못지않게 소중한 사람, 자존심이 있는 사람이라는 사실을 표현하고 싶었어요. 그녀는 방법을 찾아냈어요. 자기 생각을 글로 표현한 것입니다.

김호연재는 시간이 날 때면 시나 수필을 썼어요. 그중엔 이런 글도 있었습니다.

부부의 인연은 소중한 것이다. 그러나 남편이 날 저버린다면, 어찌 내가 이런 사정으로 이웃의 비웃음과 남편의 무시를 받아야 한단 말인가?

양반집 부인이 이런 글을 써서 남편의 잘못된 점을 지적하는 것은 큰 용기가 필요한 일이었습니다. 김호연재는 그런 두려움을 떨쳐 내고 자기의 생각을 당당하게 표현했지요. 김호연재는 글을 쓰며 마음의 상처를 달랬어요. 그러나 남편은 여전히 가정에 충실하지 않았습니다.

불행한 결혼 생활을 한 김호연재는 마흔두 살의 나이에 죽고 말았어요. 그녀의 결혼 생활은 불행했지만 그녀의 행동, 그녀가 쓴 글은 많은 사람에게 큰 깨우침을 주었어요. 남녀 사이에 차별은 잘못된 것이고, 서로를 존중하며 살아야 한다는 교훈을 남겼답니다.

김호연재의 업적 이야기

김호연재는 뭘 했을까?

가난한 집안 살림을 도맡음

김호연재는 남편이 가정에 별 관심이 없었기 때문에 혼자 거의 모든 살림을 돌보았습니다. 집안 어른을 모시고, 자식을 키우는 일뿐만 아니라, 농사를 감독하는 일도 하였어요. 집안 형편이 어려울 때 곡식을 빌리러 다니는 것도 그녀의 몫이었습니다.

고달픈 결혼 생활 속의 문학 활동

김호연재는 고달픈 시집살이를 하면서도 글을 읽고 쓰는 일을 멈추지 않았어요. 고달픈 하루하루를 보내면서도 문학 활동을 계속 이어 나갔지요. 그만큼 김호연재는 부지런하고 또 문학을 사랑한 사람이었답니다.

당당한 여성의 마음을 담은 글

김호연재가 쓴 수필 중에 〈자경편〉이라는 글이 있습니다. 이 수필 중 한 대목을 읽어 볼까요?

'남편이 아내를 버리더라도, 아내 스스로 생각해서 자신에게 잘못이 없다면 사람들 앞에서나 하늘과 태양 앞에서나 부끄러워할 필요가 없다. 그러니 마음의 상처를 끌어안을 필요가 없으며, 부모가 주신 소중한 몸을 상하게 할 필요도 없다.'

김호연재는 이 글을 통해 여성이 자기 삶에 당당하다면 절망하거나 기죽을 필요가 없다는 뜻을 남겼답니다.

200여 편의 시를 남김

김호연재는 약 200편의 시도 남겼어요. 그중 〈야음(夜밤 야 吟읊을 음)〉이란 시가 유명해요. 시의 일부를 읽어 보고, 김호연재가 그린 밤의 풍경을 느껴 봐요.

달빛 잠기어 온 산이 고요한데
샘에 비낀 별빛 맑은 밤
안개 바람이 대나무 잎에 스치고
비와 이슬은 매화에 엉기네

 **김호연재**와 함께 보기

조선의 문학을 빛낸
여성 문학가들

신사임당 (1504~1551) 문학가·화가

강원도 강릉에 있는 양반집에서 태어났어요. 신사임당은 자신의 호를 사임당이라고 스스로 지을 정도로 당당한 여성이었습니다. 어린 시절 글과 그림을 배운 신사임당은 일곱 살 때부터 천재적인 재능을 보였어요. 그러다 열아홉 살에 이원수라는 남자와 결혼했습니다. 결혼 후 강릉을 떠나 서울에서 살게 된 신사임당은 이때부터 많은 고생을 했어요. 그런 가운데서도 그녀는 많은 그림을 그리고, 글을 썼습니다.

신사임당은 남편이 벼슬에 오른 지 1년밖에 안 되었을 때, 병에 걸려 마흔여덟 살에 죽고 말았어요. 그러나 그녀가 남긴 그림은 지금도 유명한 그림으로 남아 있습니다. 신사임당의 초상화와 그녀가 그린 그림은 5만 원짜리 지폐에서 볼 수 있습니다. 또한 신사임당의 아들 이이는 훗날 조선의 유명한 학자가 된답니다.

신사임당과 이이가 태어난 오죽헌(강원도 강릉, 보물 제165호)

내가 바로 이이야. 우리 어머니는 신사임당이지!

허난설헌 (1563~1589) 시인

강원도 강릉의 양반집에서 태어났어요. 호는 난설헌, 본명은 허초희입니다. 허난설헌은 어린 시절에 오빠, 남동생과 같이 글을 배웠어요. 허난설헌의 형제들은 모두 글쓰기에 재능이 있었어요. 허난설헌이 여덟 살에 쓴 시를 본 어른들이 그녀를 신동이라며 칭찬했을 정도였답니다.

허난설헌은 열다섯 살 때 김성립이라는 사람과 결혼했어요. 그녀의 결혼 생활도 김호연재처럼 불행했지요. 허난설헌도 아픈 마음을 달래기 위해 시집살이 틈틈이 시를 썼답니다. 허난설헌은 스물일곱 살의 이른 나이로 세상을 떠날 때까지 200편이 넘는 시를 썼어요.

허난설헌의 남동생 허균도 우리나라 최초의 한글 소설인 《홍길동전》을 쓴 작가로 유명합니다. 허균은 누이의 문학 작품을 알리려고 노력했답니다.

나 허균은 누님의 시를 모아서 중국의 선비들에게 소개했어. 누님의 글재주가 뛰어나, '허난설헌'이라는 이름은 중국에서도 널리 알려졌단다.

허난설헌 생가(강원도 강릉, 강원도 문화재자료 제59호)

김호연재의 발자취

대전 소대헌·호연재 고택

- 대전광역시 대덕구 송촌동
- 국가 민속문화재 제290호

김호연재가 살았던 집이에요. 고택은 오래된 집을 뜻해요. 소대헌은 김호연재의 남편 송요화의 호입니다. 깨끗하게 남아 있는 편이라 조선 시대 대전 지역의 양반집 모습을 살펴보는 좋은 자료가 되지요.

대전 회덕 동춘당

📍 대전광역시 대덕구 송촌동
♦ 보물 제209호

김호연재가 살았던 집 근처에는 동춘당이 있어요. 동춘당은 김호연재 남편이었던 송요화의 증조할아버지인 송준길의 호입니다. 동춘당은 송준길이 살던 시대에 그가 살았던 별당의 이름이기도 합니다. 별당은 조선 시대에 양반집에서 안채나 사랑채 외에 따로 지은 집을 말해요.

> **TIP** 김호연재 여성 문화 축제

대전에서는 매년 동춘당 문화제가 열려요. 송준길을 기념하기 위해 세워진 동춘당 근린공원 주변에서 열린답니다.

이 축제 속에는 또 하나의 작은 행사가 있어요. 2010년부터 시작한 김호연재 여성 문화 축제입니다. 송준길의 증손자며느리로서, 꿋꿋한 삶을 살았던 김호연재의 인생과 문학을 기념하는 축제이지요. 김호연재의 시 낭독, 백일장, 음악 연주와 춤 공연 등 다양한 행사가 열린답니다.

대·전·위·인 | 06

갑신정변을 일으킨 **조선의 개혁 정치가**

김옥균

조선 | 1851 ~ 1894 | 개혁가

내가 정치가로 활동할 때, 조선의 형편은 매우 어려웠어. 외국 세력이 조선을 넘봐서 위태로웠거든. 그런데 왕과 권력자들은 자기들 자리를 지키는 데만 힘썼어. 난 그런 현실을 바꾸고 싶었어. 그래야 조선에 희망이 생길 테니까!

인물 소개

1872년 과거에 합격하여 벼슬 생활을 시작했어요. 1881년 일본에 다녀온 후 조선도 외국의 앞선 제도와 생각을 받아들여야 한다는 개화사상을 갖게 되었어요. 그 후 여러 개화파와 함께 1884년에 갑신정변을 일으켰어요. 개혁★에 반대하는 세력을 몰아내고 정권을 잡으려 한 사건이지요. 그러나 갑신정변이 실패하여 바라던 개혁의 꿈을 이루지 못했어요.

김옥균의 이모저모

시대
조선

태어난 곳
대전에 있는 외가에서 태어났다는 설이 있어요.

직업
개혁가

생년월일
1851년 2월 23일에 태어났어요.

별명
불행한 혁명가, 갑신정변의 주인공

개화파

★ 개혁 제도나 기구 등을 새롭게 고치는 것

우리가 알아야 할 **김옥균** 이야기

이대로는 안 된다, 조선을 바꿔야 한다!

1884년 12월 4일, 김옥균은 떠오르는 해를 바라보며 생각했어요.

'오늘 일은 반드시 성공해야 한다. 그래야 조선이 산다!'

당시 조선은 나라의 힘이 무척 약해진 상태였어요. 조선의 왕 고종은 자신의 부인인 왕후 민씨(명성 황후)에게 크게 의지했습니다. 이 틈을 타서 왕후의 주변 사람들이 큰 권력을 휘둘렀어요. 이들을 민씨 세력이라고 합니다.

민씨 세력은 나랏일은 신경 쓰지 않고, 자기들의 권력을 지키는 데만 힘썼어요. 나라의 제도나 조직이 변화하는 것도 싫어했지요. 심지어 그들이 청나라를 믿고 의지하는 바람에 조선의 정치에 청나라가 끼어들기 시작했어요.

김옥균과 여러 개화파 신하들은 민씨 세력과 생각이 달랐습니다. 조선이 발전하려면 청나라에서 벗어나야 하고 큰 개혁이 필요하다고 생각했어요.

개화파가 생각하는 주요 개혁 정책은 군사력을 키우는 것, 공업을 활성화시켜 경제를 발전시키는 것, 나쁜 제도와 법을 고치는 것 등이었어요. 또한 외국의 좋은 제도를 적극적으로 받아들여야 한다고 주장했어요.

하지만 개화파는 그들이 원하는 대로 나라를 바꿀 수 없었어요. 개화파에 속한 사람들은 대부분 벼슬이 낮아 정책을 바꿀 만한 힘이 없었기 때문이에요.

그렇지만 개화파와 뜻을 함께하는 신하들은 점점 늘어났어요. 위협을 느낀 민씨 세력은 권력을 지키기 위해 개화파를 탄압하기 시작했어요.

민씨 세력이 계속 압박하자 개화파는 위기를 맞았어요. 김옥균은 이런 상황에서 개혁을 이룰 수 있는 방법은 딱 하나라고 생각했어요. 바로 혁명을 일으켜 반대 세력을 몰아내는 것이었습니다.

그는 개화파 정치인들을 몰래 모아서 이렇게 말했습니다.

"이 나라를 개혁하려면 민씨 세력을 몰아내야 합니다. 그러면 임금께서도 우리에게 힘을 실어 줄 것입니다."

모임에 참석한 어떤 사람이 말했어요.

"하지만 그들 옆에는 청나라 군대가 있지 않습니까? 그들이 있는 한 우리 힘만으로는 무리입니다."

"일본이 우리를 도와주기로 했으니 걱정할 필요가 없습니다. 우리는 어서 민씨 세력을 없애면 됩니다."

당시 일본은 경쟁 상대인 청나라를 몰아내고 자기들이 조선의 정치 권력을 잡으려고 했어요. 일본은 처음에는 개화파를 무시했어요. 그런데 갑자기 개화파를 돕기로 한 것은, 그들을 이용해 조선에 있는 청나라 세력을 몰아내려는 의도에서였어요.

개화파 정치인들은 김옥균의 주장에 따르기로 했습니다. 그들은 구체적인 계획을 세웠어요. 12월 4일 한양에서는 우정국(오늘날 우체국)이 생긴 것을 기념하는 잔치가 열리기로 예정되어 있었어요. 이 자리에는 민씨 세력의 많은 신하가 참석하기로 했지요. 개화파는 이때 그들을 없애기로 했어요.

우정국에서 잔치가 열리는 날, 김옥균은 계획을 실행으로 옮겼어요. 개화파는 민씨 세력을 없애는 데 성공했지요. 이 사건이 갑신정변이에요.

민씨 세력을 몰아낸 김옥균은 고종에게 개화파를 중심으로 개혁 정책을 펼칠 수 있게 해 달라고 요구했어요. 고종은 이를 허락했습니다.

12월 6일, 개화파는 조선을 변화시킬 개혁 방안을 발표했어요. 그중에는 요즘

의 국회 의원 같은 제도를 도입하고, 신분 제도를 없애자는 내용 등이 있었습니다. 이 개혁은 조선이 발전하는 데 큰 도움이 될 정책이었어요.

그런데 예상치 못한 일이 일어났어요. 청나라 군대가 궁궐로 쳐들어와 개화파 사람들을 공격한 거예요. 개화파를 돕기로 했던 일본 군대는 약속을 지키지 않고 도망쳤어요. 혁명이 실패로 돌아가자 김옥균은 크게 슬퍼했어요.

"아! 우리의 혁명이 이렇게 실패하고 만단 말인가!"

궁궐을 점령한 청나라 군대는 고종과 왕후를 자신들의 손아귀에 넣었습니다. 고종은 개화파를 체포하라는 명령을 내렸어요. 개화파는 혁명을 성공시킨 세력에서, 사흘 만에 반란의 무리가 되고 말았습니다.

김옥균을 비롯한 개화파는 한순간에 쫓기는 신세가 되었어요. 체포되면 사형을 당할 게 뻔했지요.

일본으로 몸을 피한 김옥균은 그 후로 10년 동안 일본에서 지냈어요. 그의 일본 생활은 매우 힘들었어요. 일본은 몇 년 동안 김옥균을 섬에 가두고 밖으로 못 나오게까지 했습니다.

김옥균은 일본의 도움으로는 아무것도 할 수 없음을 깨닫고 청나라로 떠났어요. 이 소식을 들은 조선 정부는 홍종우라는 사람에게 김옥균을 죽이라는 명령을 내렸어요. 결국 김옥균은 청나라 땅에서 홍종우가 쏜 총에 맞아 죽고 말았답니다.

갑신정변이 실패로 돌아간 뒤, 조선의 정치는 큰 혼란에 빠졌습니다. 청나라가 한동안 조선의 정치에 끼어들었어요. 심지어 1894년에는 일본이 조선 땅에서 청나라와 전쟁을 벌여 승리한 뒤, 조선의 힘이 더욱 약해졌지요.

하지만 김옥균의 노력이 모두 헛된 것은 아니었어요. 그가 펼치려던 개혁은 훗날 하나씩 이루어졌답니다.

김옥균의 업적 이야기

김옥균은 뭘 했을까?

나라를 위해 기울인 노력

사람들은 흔히 김옥균을 '실패한 혁명가'라고 부릅니다. 그가 혁명에 실패한 것은 갑신정변 때 많은 백성이 혁명에 참여하지 못한 것, 그리고 일본이 개화파를 배신한 것이 중요한 원인이었어요.

하지만 갑신정변을 일으키기 전에도, 김옥균은 관리로서 군사력과 경제력을 발전시키기 위해 많은 노력을 기울였어요.

그는 조선 정부에서 중요한 벼슬을 두루 하였고, 고종의 허락을 받아 다양한 개혁 정책을 진행했어요.

외국의 좋은 제도와 기술 탐색

김옥균은 조선의 똑똑한 청년들을 외국에 보내 좋은 제도와 기술을 배우게 하는 정책을 추진했어요. 당시 일본은 메이지 유신이라는 개혁을 추진하여 경제력과 군사력이 강해진 상태였습니다.

김옥균은 일본의 발전 비결을 알아보기 위해 '신사 유람단'이라는 조직의 일행이 되어 일본에 다녀왔어요. 또 일본의 군사 학교에 조선 청년들을 보내 새로운 군사 기술을 배우는 일도 진행했답니다.

민씨 세력과의 대립

김옥균은 조선의 경제 발전에도 힘을 기울였어요. 당시 조선은 경제 개혁을 실행할 만큼 충분한 돈이 없었습니다. 이 문제를 해결하기 위해 김옥균은 외국에서 경제 자금*을 빌려 오는 일에 앞장섰지요.
그의 노력은 당장에 효과가 나는 게 아니었어요. 그런데 개화파에 반대하는 민씨 세력은 김옥균이 왕의 도움을 받아 개혁을 하려는 것에 반대했어요. 이들은 왕후의 마음을 움직여 김옥균의 개혁 정책을 방해하였습니다.
김옥균이 갑신정변이라는 과격한 방법을 선택한 이유도 민씨 세력이 방해했기 때문이랍니다.

★ **자금** 특정한 목적을 위해 쓰는 돈

나라를 좋은 방향으로 개혁하려는데 왜 자꾸 방해하는 거야!

감히 조선을 자기 마음대로 변화시키려고? 그럴 순 없어!

김옥균과 함께 보기

조선의 개화를 위해 노력한 인물

박규수 (1807~1877) 문신

조선의 신하 중에는 김옥균 이전에도 개화를 주장하는 사람들이 많이 있었어. 나는 그중에서도 대표적인 사람이지.

김옥균은 과거에 합격하여 관리가 된 뒤, 우리 집에 자주 드나들었단다. 내가 그에게 개화사상에 대해 많이 알려 주었지.

나는 조선의 신하였어. 당시 조선의 최고 권력자는 고종의 아버지인 흥선 대원군이었지. 나는 흥선 대원군에게 개화 정책을 실행하자고 건의했어. 하지만 흥선 대원군은 받아들이지 않았단다.

나는 내 뜻을 이루지 못해 매우 실망했어. 하지만 개화는 꼭 이루어져야 한다고 생각했단다. 그래서 벼슬에서 물러난 뒤 젊은 신하들에게 개화의 필요성에 대해 많이 알렸어.

서재필 (1864~1951) 독립운동가

김옥균 외에도 박영효, 서광범 등 많은 개화파 정치가들이 갑신정변에 참여했어. 나도 그중 하나였는데, 당시 스물한 살로 가장 어렸단다.

우리는 개혁을 꿈꿨지만, 갑신정변이 실패하자 조선 정부에 쫓기는 신세가 되었어. 그래서 대부분 외국으로 망명을 떠났지.

나는 일본을 거쳐 미국으로 망명을 떠났어. 그러다 1895년에 조선으로 돌아와 〈독립신문〉과 독립 협회를 만들어 조선의 독립을 위해 힘썼단다.

역사 **체험 학습**

우리의 혁명은 우정총국에서 시작되리라!

김옥균의 발자취

김옥균 선생 유허

📍 충청남도 공주시 정안면

♦ 충청남도 기념물 제13호

갑신정변의 실패로 김옥균은 역적이 되었어요. 역적은 나라를 배신한 사람입니다. 이 때문에 김옥균은 무척 중요한 인물이지만 그의 유적은 거의 남아 있지 않아요.
충청남도 공주시 정안면에는 그가 살던 곳이 남아 있습니다. 이곳에는 김옥균을 추모하는 비석이 있어요.

서울 우정총국

📍 서울특별시 종로구 견지동

♦ 사적 제213호

갑신정변이 일어난 곳이에요. 우정총국은 조선 말에 우리나라 최초로 우체국 업무를 맡아보던 관청이지요.

대·전·위·인 | 07

역사 연구를 통해 **독립운동을 이끈 역사학자**

신채호
근현대 | 1880 ~ 1936 | 독립운동가

나는 오늘날 대전에 속하는 곳인 충청남도 대덕군에서 태어나, 충청북도 청원(오늘날 청주 지역)에서 자랐어. 청년 시절부터는 조선의 독립을 위해 일했단다.

인물 소개

어린 시절에 아버지가 돌아가셔서 집안이 어려웠어요. 할아버지로부터 교육을 받았으며, 어릴 때부터 글을 잘 써서 천재라는 칭찬을 들었지요. 청년 때는 조선 시대 최고의 국립 교육 기관인 성균관에 입학하여 공부했어요. 성균관 박사가 되었으나 관직에 오르지 않고 〈황성신문〉, 〈대한매일신보〉 같은 신문사의 기자로 일하며 독립운동을 펼쳤어요.

신채호의 이모저모

- **시대**: 조선 ⋯▶ 대한 제국 ⋯▶ 일제 강점기
- **생년월일**: 1880년 11월 7일에 태어났어요.
- **호**: 단재
- **대표작**: 《조선 상고사》
- **직업**: 독립운동가, 역사학자, 언론인

신채호의 업적 이야기

신채호는 뭘 했을까?

일편단심 독립운동가

사람들이 흔히 사용하는 사자성어 중에 일편단심이라는 말이 있습니다. 일편단심이란 변하지 않는 마음을 뜻하지요. 신채호의 호는 세 개입니다. 일편단생, 단생, 단재가 바로 그것이지요. 모두 일편단심과 관련 있는 단어예요. 그중 일편단생은 일편단심으로 인생을 사는 것을 뜻합니다.

젊은 시절부터 독립운동을 한 신채호는 대한민국 임시 정부, 동방 무정부주의자 연맹, 의열단 등에서 활발하게 활동했어요. 그러던 1928년 신채호는 대만에서 열린 무정부주의 관련 회의에 참석했다가 일본 경찰에 붙잡혔습니다. 결국 재판에서 징역 10년을 선고받고, 뤼순 감옥에 갇혔지요. 신채호는 1936년 세상을 떠날 때까지 자신의 호처럼 변치 않는 마음으로 독립운동을 위해 힘썼답니다.

《조선 상고사》

1931년 〈조선일보〉에 연재한 글을 모은 역사책입니다. 상고사는 상고 시대 역사라는 뜻이에요. 상고 시대는 우리나라 고대 시대 중 상반기에 속하는 때를 말합니다. 신채호는 단군이 세운 고조선부터 삼국 시대까지의 역사를 정리하였답니다.

한민족의 역사를 널리 알림

신채호는 조선의 백성이 나라와 민족에 대해 자부심을 가지려면, 선조들이 남긴 훌륭한 역사를 바로 알아야 한다고 생각했어요. 이런 자부심이 일본에 맞서 싸울 수 있는 용기와 힘이 될 거라고 생각했지요. 그래서 신채호는 신문사 기자로 일할 때부터 역사 기사를 많이 썼습니다. 당시까지 조선 백성이 잘 몰랐던 고조선, 삼국 시대의 역사 이야기도 다루었어요.

신채호는 외국이 한반도를 침략했을 때 그것을 물리친 한민족의 영웅 이야기도 많이 썼어요. 수나라의 공격을 막아 낸 고구려 장수 을지문덕, 일본이 침략했을 때 바다에서 여러 번 승리를 거둬 나라를 구한 조선의 장수 이순신 등이 있지요.

신채호는 여러 정보를 살펴보고 우리 역사에 대해 더 자세히 알게 되었어요. 그래서 우리 민족의 역사가 강한 나라에 맞서 싸우며 지켜 온 자랑스러운 역사임을 더욱 자세하게 소개할 수 있었습니다.

평생을 역사 연구에 바친 신채호의 노력은 후배 역사학자들에게 큰 영향을 주었습니다.

신채호와 함께 보기

신채호와 관계있는 역사 인물

신규식 (1879~1922) 독립운동가

신채호는 고령 신씨입니다. 오늘날 충청북도 청주 지역에는 고령 신씨들이 모여 사는 마을이 있었어요. 이곳에선 훌륭한 독립운동 지도자들이 많이 나왔지요. 대표적인 사람이 신규식이에요. 신규식은 신채호와 먼 친척이기도 해요.

1879년 충청북도 청원에서 태어난 신규식은 청년이 되어 조선의 군인이 되었어요. 그러다 얼마 후 장교 자리를 버리고 독립운동에 뛰어들었어요. 자신이 잘사는 것보다, 위기에 처한 나라를 구하는 것이 더 중요하다고 생각했기 때문입니다. 청년 시절에 신규식은 신채호와 함께 고향에 학교를 세워 어린 학생들에게 애국심을 불러일으키는 교육 운동을 하기도 했답니다.

조선이 일본의 식민지가 된 후, 다른 독립운동가들이 그러했던 것처럼 신규식도 일본의 눈을 피해 외국으로 떠났습니다. 신규식이 주로 활약한 곳은 중국의 대도시인 상해였어요. 그는 상해에서 대한민국 임시 정부를 만드는 일에 적극 참여하였고, 임시 정부가 생긴 후에는 중요한 직책을 맡기도 했답니다.

1922년 대한민국 임시 정부는 지도자들의 의견 대립으로 위기를 맞았어요. 신규식은 지도자들끼리의 다툼은 독립운동에 도움이 되지 않는다고 생각했어요. 그래서 임시 정부 지도자들에게 마음을 한데 모을 것을 부탁했어요. 하지만 갈등은 계속되었고, 이 일로 마음의 상처를 크게 입은 그는 1922년 죽고 말았습니다.

역사 **체험 학습**

신채호의 발자취

단재 신채호 선생 생가지

- 대전광역시 중구 어남동
- 대전광역시 기념물 제26호

신채호가 어린 시절 살았던 집을 다시 세운 곳이에요. 생가 옆에는 신채호의 업적을 기념하여 세운 비석도 있어요.

단재 신채호 기념관

- 충청북도 청주시 상당구

신채호의 초상화, 삶에 대한 기록, 신채호가 쓴 책 등이 전시되어 있습니다. 또 신채호가 나라와 민족을 생각하며 쓴 시도 감상할 수 있지요. 기념관 주변에는 신채호에게 제사를 드리는 사당과 그의 묘도 있답니다.

뤼순 감옥

- 중국 랴오닝성 뤼순시 뤼순커우구

신채호는 1928년 일본 경찰에게 체포된 후, 뤼순 감옥에서 8년간 갇혀 지내다가 1936년에 목숨을 잃었어요. 현재 뤼순 감옥은 옛 모습을 그대로 보존하여 역사 박물관 역할을 하고 있답니다.

위인 따라 대전 체험 학습

대전 위인들의 발자취를 한눈에 살펴보아요.
앞에서 소개한 장소 중 대표적인 곳을 가려 뽑았답니다.

● 유성구

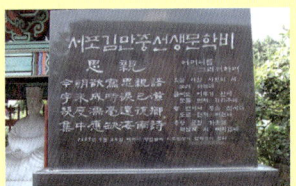
❶ 김만중 문학비

❷ 숭현 서원

❸ 대전 시립 박물관

● 대덕구

❹ 회덕 향교

❺ 대전 회덕 동춘당

❻ 대전 소대헌·호연재 고택

● 서구

❼ 명학소 민중 봉기 기념탑

● 동구

❽ 대전 문학관

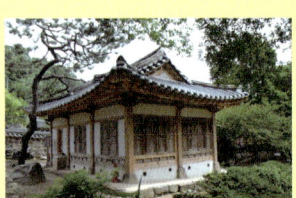
❾ 우암 사적 공원

● 중구

❿ 단재 신채호 선생 생가지

더 알아보는 **위인**

우리도 대전 위인이야!

민충기 (1888~1932) - 군자금을 모으기 위해 애쓴 독립운동가

시대 조선 ⋯▶ 일제 강점기

독립운동가로, 대전 지역에서 군수를 지낸 민병성의 아들로 태어났어요. 1907년에 벼슬을 지내다가 1910년에 학교를 세워 교육을 위해 힘썼어요. 1913년에는 일본의 문물을 보고 견문을 넓히고 돌아왔지요.

1919년에는 독립운동에 사용할 자금을 가지고 상해로 건너갔어요. 그곳에 있는 대한민국 임시 정부에서 본격적인 독립운동을 시작했지요. 독립운동에 필요한 돈을 모으기 위해 상해와 조국을 오가며 활약했어요. 1923년에는 일본 경찰에 체포돼 감옥에 갇히기도 했어요. 1927년 감옥을 나온 뒤에도 몰래 독립운동을 계속했어요. 그러던 1932년 어느 날, 그는 조국의 광복을 보지 못한 채 숨을 거두고 말았답니다.

박윤식 (1868~1939) - 일제와 친일파에 맞서 싸운 의병장

시대 조선 ⋯▶ 일제 강점기

의병장으로, 충청남도 청양에서 태어나 대전에서 살았어요. 그는 왕실의 업무를 맡아보던 궁내부에서 일했지요. 그러나 1905년 일제에 의해 강제로 을사조약이 맺어지자, 궁내부를 그만두었어요. 그는 일본과 친일파에 맞서기 위해 의병대를 조직했어요. 충청도에서 일본과 싸우며 의병 활동을 펼치던 박윤식은 1907년에 일본에 체포되었어요. 감옥에 갇혀 모진 고문을 당하기도 했지요. 풀려난 후에는 항일 의병의 투쟁에 대해 기록한 《의거실기》를 펴냈답니다.

박팽년 (1417~1456) - 집대성*이라 불렸던 천재 학자

시대 조선

조선 초기의 학자로, 단종을 지키기 위해 힘쓴 사육신* 중 한 명이에요. 열아홉 살에 과거에 합격하여 벼슬에 올라 세종의 나랏일을 도왔어요. 또한 집현전 학자로 있으면서 책을 펴내고, 학문을 연구하는 데 힘썼지요. 학자들 중에서도 학문과 문장이 뛰어나 집대성이라 불리었어요. 세종의 뒤를 이어 왕이 된 문종과 어린 단종을 돕기 위해 애썼어요. 그러나 단종을 쫓아내고 왕위에 오른 세조에 의해 목숨을 잃고 말았습니다. 박팽년이 살던 대전광역시 동구에는 그를 추모하기 위해 세운 유허비가 있고 묘는 서울 노량진에 있답니다.

이권수 (1894~1937) - 대전의 독립운동에 앞장선 독립운동가

시대 조선 ⋯▶ 일제 강점기

독립운동가예요. 1919년, 일본에 맞서기 위해 전국적으로 일어났던 3·1 운동이 대전에서도 있었어요. 이권수는 독립 만세 시위에 앞장서며 대전 사람들을 이끌었지요. 또한 3·16 장날에는 커다란 태극기를 들고 독립 선언문을 낭독했어요. 장에 모인 사람들에게 태극기를 나눠 주기도 했지요. 만세 시위가 점점 커지자 일본군은 그를 잡아갔어요. 감옥에서 고생한 그는 고향으로 돌아와 병을 치료했고, 그 후에는 학당에서 아이들을 가르쳤답니다.

이시직 (1572~1637) - 목숨을 바쳐 왕을 지킨 문신

시대 조선

조선 중기의 문신이에요. 1624년 과거에 합격하여 벼슬에 올랐어요. 그해에 일어난 이괄의 난 때 인조를 따라다니며 왕을 지켰어요. 그 후 여러 벼슬을 두루 지냈습니다. 1636년에 청나라가 쳐들어와 병자호란이 일어났을 때도 왕을 보호하기 위해 인조 곁을 지켰어요. 그러나 강화도와 남한산성이 청나라군에 의해 차례로 무너지자, 끝내 스스로 목숨을 끊었답니다.

★ **집대성** 모든 것이 훌륭하여 완벽한 하나를 이룬 것
★ **사육신** 단종을 지키려던 여섯 명의 충신으로, 박팽년·이개·하위지·유성원·성삼문·유응부를 이름

 **세종 소개**

세종은 어떤 곳일까?

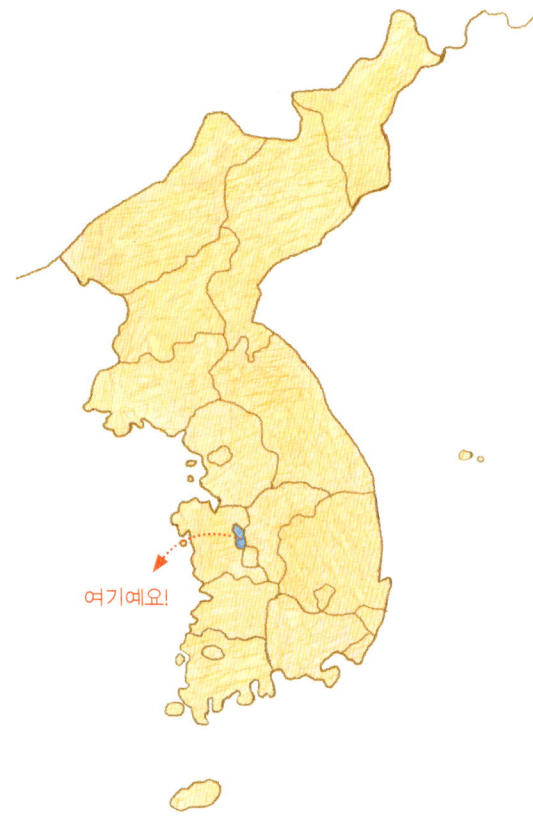

여기예요!

세종의 역사

오늘날의 세종시는 조선 시대에 연기현, 전의현에 속했던 곳이에요. 삼국 시대에는 처음에는 백제 땅이었다가, 훗날 신라의 땅이 되었지요.

이 지역은 1914년 공주시에 속한 일부 지역을 통합하며 연기군이 되었어요. 연기군에서 가장 큰 도시는 조치원이었는데, 조치원은 경부선 철도가 지나면서 발전한 곳입니다. 21세기 들어 연기군 지역은 행정 도시가 생기며 크게 발전합니다. 2006년 정부는 연기군 지역에 건설할 행정 도시의 명칭을 세종시로 정하였어요. 그리하여 충청남도 연기군은 2012년 7월 1일부터 세종특별자치시가 되었습니다.

세종시가 세종특별자치시라는 이름을 가지게 된 것은, 정부가 특별법을 만들어 행정 중심 복합 도시로 개발한 도시이기 때문이랍니다.

세종의 자연

북부에는 차령산맥이, 남부에는 노령산맥이 뻗어 있어요. 세종시의 동남부에는 우리나라 4대 강 중 하나인 금강이 흐르고 있지요. 또 동부 지역에는 미호천이라는 하천이 흐르고 있어요. 금강과 미호천 주변에는 넓은 평야 지대가 있답니다.

세종의 문화유산

세종시에서는 백제 시대 유물이 여럿 발견되었어요. 북쪽에 있는 운주산에는 백제 때 쌓은 운주산성이 있지요. 비암사라는 절에서는 불교 예술품 세 개가 발견되었어요. 이 예술품들은 돌을 비석처럼 다듬어 부처를 새긴 불상으로, 역사적 가치를 인정받아 국가 지정 문화재가 되었답니다. 이외에도 연기 향교, 전의 향교, 독락정 등의 문화재가 있어요.

세·종·위·인 | 01

끝까지 절개를 지킨 **고려의 장수**

임난수

고려 | 1342~1407 | 장군

나의 고향은 전라북도 부안이야.
그러나 난 세종시에서 더 유명하단다.
벼슬에서 물러난 후 이곳에서 살았기 때문이지.
나는 고려의 장수였어. 새 나라 조선이
생겼지만 과감하게 벼슬에서 물러났단다.
조선의 왕을 섬길 순 없었기 때문이야.

인물 소개

고려의 장군이었던 임난수는 새 나라 조선이 생긴 후, 벼슬에서 물러났어요. 두 나라를 섬길 수 없다고 생각했기 때문이에요. 사람들은 끝까지 고려에 충성한 그를 존경하였어요. 조선은 이성계가 세운 나라예요. 그의 손자이자 훗날 조선의 제4대 왕이 되는 세종도 임난수의 충성심을 칭찬하며 그에게 상을 주었답니다.

임난수의 이모저모

시대
고려 … 조선

생년월일
1342년에 태어났어요.

태어난 곳
전라북도 부안에서 태어났어요.

한마디
한 하늘 아래에서 두 임금을 섬길 수 없다!

직업
장군

우리가 알아야 할 **임난수** 이야기

나는 끝까지 고려의 장수로 남을 것이다!

고려가 한반도를 다스리던 1388년, 나라를 뒤흔든 큰 사건이 일어났어요. 이성계라는 장수가 왕의 명령을 어기고 반란을 일으킨 거예요.

당시 이성계의 임무는 명나라를 공격하러 가는 것이었어요. 그런데 그는 고려 우왕이 내린 명령을 어기고, 수도 개경으로 돌아왔지요.

결국 이성계의 군대와 우왕을 지키던 군대 사이에 전투가 벌어졌어요. 결과는 이성계의 승리였습니다. 이성계는 고려의 최고 권력자가 되었어요. 그는 우왕을 왕 자리에서 몰아내고, 창왕을 새 왕으로 세웠어요. 또 우왕을 모시던 여러 신하를 없앴지요.

그 후 많은 신하와 장수가 이성계를 따르기 시작했어요. 하지만 당시 고려의 장수였던 임난수는 그러지 않았어요.

'반란을 일으켜 왕을 몰아내다니, 이성계의 행동은 매우 잘못되었다! 이성계가 최고 권력자가 되었으나, 나는 그의 신하가 되지 않을 것이다!'

시간이 갈수록 이성계의 힘은 더욱 강해졌습니다. 그를 따르는 몇몇 신하가 이성계에게 말했어요.

"이번 기회에 고려를 없애고 새 나라를 세우십시오."

1392년 이성계는 당시 고려의 왕이었던 공양왕을 몰아내고, 새 나라 조선을 세웠어요. 이 소식을 들은 임난수는 한탄하였어요.

"아! 끝내 이성계가 자기 욕심 때문에 고려를 없앴구나!"

이성계는 조선을 안정시키기 위해 자신을 따르지 않는 신하와 장수를 자기편으로 끌어들이려고 했어요. 그중에는 임난수도 있었어요.

임난수는 고려에서 공조 전서를 지낸 인물이에요. 전서는 지금으로 치면 장관에 해당하는 자리입니다. 그가 이성계에게 충성을 바친다면 높은 벼슬을 받을 게 분명했지요. 하지만 임난수는 끝까지 마음을 바꾸지 않았어요.

"반란으로 왕이 된 사람을 모실 순 없다. 난 더 이상 벼슬을 하지 않을 것이다. 개경을 떠나 고향으로 내려가겠노라."

결국 임난수는 가족을 이끌고 개경을 떠났어요. 그는 고향인 전라도 부안으로 향했습니다.

가족을 이끌고 남쪽으로 내려가던 임난수는 당시 공주의 삼기촌(오늘날 세종시 연기면 세종리)이라는 마을에서 발길을 멈추었어요. 금강이 흐르고, 산으로 둘러싸여 풍경이 아름다웠지요. 그는 그곳에서 살기로 결심하였습니다. 그러고는 마을에 정착한 기념으로 은행나무를 심었어요.

삼기촌에는 전월산이라는 산이 있었어요. 그는 날마다 그 산에 올라가 고려의 수도인 개경을 향해 절을 올렸어요. 그것은 지금은 없는 고려의 왕에게 드리는 절이었습니다.

이처럼 고려에 끝까지 충성한 임난수는 많은 사람으로부터 존경을 받았어요.

임난수의 업적 이야기

임난수는 뭘 했을까?

원나라 군대를 몰아냄

고려와 몽골은 여러 번 전쟁을 벌였고, 결국 몽골이 승리하였습니다. 이때부터 고려는 약 100년간 원나라의 지배를 받았어요. 원나라는 몽골이 중국에 세운 나라였어요. 그들은 제주도에 병사들을 보내 말을 기르는 목장을 만들기도 했지요.

고려의 왕이었던 공민왕은 원나라의 지배에서 벗어나기 위해 독립운동을 하려고 했어요. 결국 이를 눈치챈 원나라와 갈등이 생겼고, 1374년에는 전투가 벌어졌습니다.

임난수는 가장 앞에서 싸웠습니다. 칼싸움을 하던 도중 임난수는 비명을 질렀어요. 적군이 휘두른 칼에 한쪽 팔이 크게 다친 거예요. 보통 사람 같으면 목숨을 건지려고 후퇴했을 상황이지요. 하지만 임난수는 그러지 않았어요. 그는 물러서지 않고 계속 싸웠어요. 고려는 결국 원나라를 상대로 큰 승리를 거두었어요. 이 승리로 제주도를 지배하던 원나라 세력은 물러나게 되었고, 제주도는 온전히 고려의 땅이 되었답니다.

고려 충신 임난수

임난수는 15년간 오늘날의 세종시에서 살다가 1407년에 죽었어요. 세월이 흐른 후 그를 존경하는 사람들은 더 늘어났습니다. 조선 후기의 유명한 선비인 송시열*은 이런 글을 남기기도 하였답니다.

> 조선의 선비들이 깊이 존경해야 할 고려의 충신이 세 분 있다.
> 최영, 길재, 임난수이다.

★ 26쪽에서 대전의 위인 송시열에 대해 더 자세히 알아봐요.

임난수와 함께 보기

또 다른 고려의 충신

최영 (1316~1388) 고려 말기를 대표하는 장수

난 젊은 시절부터 전쟁터를 누비며 고려를 지킨 장수야. 앞에서 살펴본 1374년 원나라군과의 전쟁 때, 고려군 총사령관이 되어 부대를 지휘했지.

그 후에도 고려에선 여러 번 전쟁이 일어났어. 일본에서 건너온 해적들인 왜구가 고려의 여러 지방을 침략한 거야. 왜구와 벌인 전투에서도 여러 번 승리했지. 공민왕이 죽고 우왕이 고려의 새 왕이 된 후, 나는 고려에서 가장 영향력이 있는 장수가 되었어.

길재 (1353~1419) 고려의 선비

난 고려의 문신이야. 1383년 과거에 합격하여 벼슬에 올랐지. 그 후 성균관에서 인재를 가르치는 일을 했단다. 그러다 1388년에 고려 장수 이성계가 반란을 일으킨 사건이 있었어. 나는 차마 이성계가 차지한 정권에서 벼슬을 지낼 수 없었지. 그래서 벼슬을 버리고 고향인 경상도로 내려갔어.

새 나라 조선이 생긴 뒤, 조선 정부는 나에게 한양으로 올라와서 나랏일을 도와 달라고 여러 번 요청했어. 하지만 나는 매번 거절했단다.

나는 그 후로 고향에서 죽을 때까지 제자들에게 유학을 가르쳤어. 난 매우 유명한 학자였기 때문에 경상도 곳곳에서 젊은 선비들이 몰려들었단다. 내가 가르친 제자들은 훗날 조선의 유학을 크게 발전시켰어.

역사 **체험 학습**

임난수의 발자취

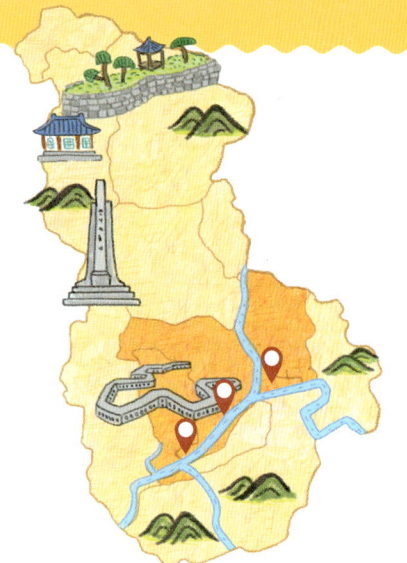

상여 바위
📍 세종특별자치시 연기면 세종리

세종시에는 전월산이라는 작은 산이 있어요. 이곳에는 임난수가 매일 산에 올라 고려의 왕에게 절을 했다는 상여 바위가 있어요. 상여 바위에 오르면 세종시의 곳곳을 한눈에 내려다볼 수 있지요. 또한 해맞이 구경을 하기에도 좋은 곳이랍니다.

임난수의 묘
📍 세종특별자치시 연동면 합강리

세종이 내어 준 땅에 자리 잡고 있어요. 세종이 고려의 충신인 임난수의 꿋꿋함에 감동하여 상으로 내린 땅이지요. 이 지역의 이름을 '세종특별자치시'라고 붙인 것과도 관련이 있답니다. 무덤 앞에는 600년 전에 세워진 비석이 있어요.

숭모각

📍 세종특별자치시 연기면 세종리

♦ 세종특별자치시 향토유적 제35호

임난수의 업적을 기리기 위해 만든 사당이에요. 사당 안에는 임난수를 비롯하여 부안 임씨 가문의 여러 조상들의 위패가 모셔져 있어요.

숭모각 앞에는 임난수가 심은 지 600여 년 지난 은행나무(세종특별자치시 시도기념물 제8호)가 보존되어 있답니다.

나성 독락정

📍 세종특별자치시 나성동

♦ 세종특별자치시 문화재자료 제8호

임난수의 아들인 임목이 세운 정자예요. 독락정 역사 공원 안에 있는 유적지로, 정자 앞으로 금강이 흐르지요.

독락정에서는 해마다 임난수 장군의 충절을 기리는 독락 문화제가 열린답니다.

세·종·위·인 | 02

나라의 땅을 크게 넓힌 **조선의 신하**

김종서

조선 | 1383 ~ 1453 | 문신, 장군

나는 조선 초기의 신하인 김종서란다. 나랏일을 돕는 사람은 책임감이 강해야 해. 또 아무리 힘든 일이라도 그 일을 성공적으로 해내려면 최선을 다해야 해. 나는 6진을 개척할 때 그런 자세로 일했단다.

인물 소개

김종서는 어릴 때부터 지혜가 많고 용감했어요. 도총*을 지낸 아버지로부터 용맹함을 물려받기도 했지요. 태종 때 열여섯의 나이로 과거에 합격한 뒤 문신이 되어 나랏일을 도왔어요. 다음 왕인 세종은 조선의 땅을 북쪽으로 넓히는 북진 정책을 세웠어요. 김종서는 북쪽으로 가 여진을 몰아내고 땅을 넓혔지요. 이렇듯 그는 학문과 무예, 즉 문무를 두루 갖춘 신하였어요.

김종서의 이모저모

시대: 조선
생년월일: 1383년에 태어났어요.
직업: 문신, 장군
별명: 백두산 호랑이
업적: 6진 개척

★ **도총** 지금의 군대 총사령관

우리가 알아야 할 김종서 이야기

맡은 일은 최선을 다할 거야!

★ **진지** 언제든지 적과 싸울 수 있는 부대가 있던 곳

김종서의 업적 이야기

김종서는 뭘 했을까?

세종 때 고려의 역사 정리

어린 시절에 과거에 합격한 김종서는 학문 실력이 빼어난 신하였습니다. 그래서 조선 초기에 나라에서 많은 책을 펴낼 때 책임자로 일하기도 했지요. 그가 주도하여 펴낸 책에는 《고려사》, 《고려사절요》 등이 있습니다.

고려는 조선이 생기기 전에 한반도에 있었던 나라입니다. 옛날 중국과 우리나라는 한 나라가 망하고 새 나라가 생기면, 망한 나라의 역사를 정리한 책을 펴냈어요. 이런 전통 때문에 조선도 앞선 나라인 고려의 역사를 기록한 책을 펴낸 것입니다.

문종, 단종에게도 충성을 다한 신하

1450년 김종서를 아끼던 세종이 죽고, 그의 아들 문종이 조선의 제5대 왕이 되었습니다. 이 무렵 김종서는 높은 벼슬을 하고 있었어요. 문종은 김종서가 충성심이 강하고 강직한 신하임을 잘 알고 있어, 그를 아꼈답니다.

안타깝게도 문종은 몸이 약했고, 1452년 죽고 말았어요. 문종은 죽기 전 김종서를 불러 어린 나이에 왕에 오를 자기 아들을 잘 보살펴 줄 것을 부탁했어요. 김종서는 이 임무에도 최선을 다했어요. 열두 살에 왕이 된 단종에게 충성을 다한 것입니다. 이 시절에 김종서는 세종의 업적을 기록한 《세종실록》을 만드는 일에도 참여하였습니다.

김종서와 함께 보기

김종서의 6진 개척을 소재로 한 〈야연사준도〉

조선 후기에 《북관유적도첩》이란 책이 나왔습니다. 이 책은 고려부터 조선 시대까지, 함경도 지역에서 큰 공을 세운 인물들을 그림으로 표현한 책입니다.

이 책에는 〈야연사준도〉라는 그림이 있어요. '야연'은 밤에 열린 잔치를 뜻합니다. '사'는 화살을 발사하는 것을 뜻하고, '준'은 술통을 뜻해요. '도'는 그림이라는 뜻입니다.

이 그림의 주인공은 김종서로, 그의 유명한 전설을 소재로 하여 그린 겁니다. 전설의 내용은 이러해요.

김종서는 여진족과 벌인 전투에서 승리한 후, 병사들이 수고한 것을 칭찬하는 잔치를 밤에 열었습니다. 이때 알 수 없는 곳에서 화살이 날아와 술통을 맞혔대요. 잔치에 참석한 사람들은 크게 놀라고, 겁을 먹었습니다. 그런데 김종서는 아무렇지 않은 표정으로 화살을 뽑고 잔치를 계속 즐겼대요. 그가 얼마나 대담한 사람인지 알 수 있겠지요?

김종서와 함께 보기

김종서와 관계있는 역사 인물

수양 대군 (1417~1468) 김종서를 죽이고 권력을 잡은 세조

나는 단종의 삼촌이자, 조선의 제7대 왕 세조야. 단종은 1452년 어린 나이에 조선 제6대 왕이 되었지. 그는 경험이 많은 신하들의 도움을 받아 나라를 다스렸어. 단종이 가장 의지한 사람은 김종서였단다.

나는 권력 욕심이 많았어. 그래서 스스로 최고 권력자가 되기 위해 단종이 아끼는 신하들을 몰아내기 시작했지. 결국 1453년에 나를 따르는 무리를 이끌고 군사 반란을 일으켰어. 그때 내가 가장 먼저 한 일이 뭔 줄 알아? 바로 김종서, 황보인 같은 신하들을 없애는 것이었단다. 이 사건으로 김종서는 죽었지. 나는 반란에 성공하여 2년 뒤에 단종을 내쫓고 왕이 되었단다.

최윤덕 (1376~1445) 4군 개척에 큰 공을 세운 무신

나는 1410년에 과거에 합격하여 조선의 장교가 되었어.

조선 초기에 북쪽 국경 지역은 두만강 아래에는 함길도 지역이, 압록강 남쪽에는 평안도 지역이 있었어. 여진족은 평안도 지역을 통해 우리 땅에 자주 쳐들어왔단다.

이에 세종께서 평안도 땅을 압록강 지역으로 넓히자고 하셨어. 이 계획이 성공하면 조선의 북쪽 국경은 압록강과 두만강까지 넓어질 수 있었지. 이때 나의 가장 큰 업적은 평안도 지역에서 여진을 몰아낸 일이야. 그리고 압록강 지역에 4개의 군사 기지를 설치하였는데, 이를 4군이라 한단다.

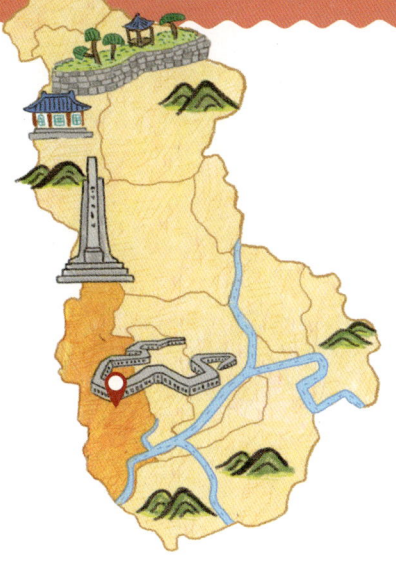

역사 **체험 학습**

김종서의 발자취

김종서 장군 묘

📍 세종특별자치시 장군면 대교리 ◆ 세종특별자치시 기념물 제2호

김종서는 충청남도 공주시 의당면에서 출생한 것으로 전해지고 있습니다. 김종서는 억울하게 죽은 후 오늘날 세종시에 묻혔습니다.
무덤 앞에는 묘비가 있고, 무덤 아래에는 그를 기념하는 건물인 정려각이 있습니다. 묘비와 정려각은 조선 후기인 영조 시대에 세운 것입니다.

세·종·위·인 | 03

왕에게 나라의 개혁을 제안한 조선의 학자

이유태

조선 | 1607 ~ 1684 | 문신, 학자

나라의 일을 하는 신하는 자기만 잘살려고 해선 안 돼. 백성이 잘사는 방법을 고민해야 해. 나도 그런 생각을 늘 했어. 그래서 왕에게 조선을 좋은 나라로 만드는 방법을 제안했단다.

인물 소개

1607년 오늘날 충청남도에 속한 금산에서 태어났습니다. 가난한 집안에서 태어난 이유태는 어릴 때부터 총명했고, 공부를 좋아했어요. 그는 열다섯 살 때 민재문이라는 학자에게 3년간 유학을 배웠어요. 그 후 김장생의 제자가 되어 송시열, 송준길과 함께 공부했습니다. 이유태는 과거를 보지 않았으나 주변 사람들의 추천을 받아 관직에 올랐답니다.

이유태의 이모저모

- **시대**: 조선
- **생년월일**: 1607년에 태어났어요.
- **태어난 곳**: 충청남도 금산에서 태어났어요.
- **호**: 초려
- **직업**: 문신, 학자
- **대표작**: 《초려집》

101

우리가 알아야 할 **이유태** 이야기

나의 소원은 온 백성이 잘사는 것!

1634년 조선의 수도 한양에서 온 심부름꾼이 오늘날 세종시 지역에 살던 이유태의 집에 찾아왔어요. 그가 준 편지에는 이런 내용이 적혀 있었습니다.

'이유태를 대군사부로 임명하노라.'

대군은 왕비의 몸에서 태어난 왕자를 뜻해요. 사부는 스승을 말해요. 즉, 대군사부는 왕자의 가정 교사인 것이지요.

충청도에 사는 가난한 선비 이유태를 대군사부로 추천한 사람은 당시 한양에서 벼슬살이를 하던 '김집'이란 사람이었어요. 김집은 이유태가 뛰어난 유학자라고 생각했지요. 그러나 이유태는 이렇게 답하며 벼슬을 거절하였답니다.

"저는 아직 부족한 게 많아 대군사부 자리를 받아들일 수 없사옵니다."

이유태가 벼슬에 오른 것은 그로부터 24년이 지난 1658년이었습니다. 그는 나랏일을 열심히 하여 점점 더 높은 벼슬에 올랐어요.

왕의 인정을 받고 벼슬에 오르는 일은 기쁜 일이었습니다. 그러나 이유태는 그것보다 더 바라는 게 있었어요. 바로 개혁을 통한 조선의 발전이었지요.

이유태가 조선에 개혁이 필요하다고 생각한 것은 많은 백성이 가난으로 고통받고 있었기 때문입니다. 당시 조선은 임진왜란과 병자호란, 두 전쟁을 겪으면서 백성의 생활이 매우 나빠졌어요. 그럼에도 나라에서는 백성을 살리기 위한 대책을 마련하지 않았어요.

1659년 현종이 조선의 제18대 왕이 되었어요. 이유태는 자기 생각을 글로 정리하여 현종에게 올렸습니다.

현종은 이유태가 올린 긴 문서를 신하들에게 주며 말했어요.

"이유태의 개혁안을 검토하여라!"

이유태는 자기의 개혁안이 받아들여지기를 간절히 바랐습니다. 그 개혁안이 백성들에게 도움이 된다면, 자기는 높은 벼슬에 오르지 않아도 행복할 것 같았어요.

그러나 이유태의 희망은 실망으로 돌아왔어요. 조정에서 이유태의 개혁안을 받아들이지 않은 거예요. 실망한 이유태는 벼슬에서 스스로 물러났습니다. 벼슬에서 물러나지 말라는 동료들에게 이유태는 말했어요.

"지금 이 나라를 변화시키지 않는다면, 나는 더 이상 할 수 있는 일이 없소!"

벼슬에서 물러난 이유태는 충청남도로 내려왔습니다. 조정에서는 그의 재능을 아깝게 생각하여 그에게 더 높은 벼슬을 주면서 한양으로 올라올 것을 제안했어요. 하지만 이유태는 벼슬을 받아들이지 않았어요.

이유태는 책을 읽고 제자를 가르치다가, 1684년에 세상을 떠나 오늘날 세종시 지역에 묻혔습니다.

이유태의 업적 이야기

이유태는 뭘 했을까?

개혁을 담은 〈기해봉사〉

조선 시대에 신하가 왕에게 올린 글을 상소문이라고 합니다. 이유태가 1660년 기해년에 올린 이 상소문을 〈기해봉사〉라고 해요.
그가 〈기해봉사〉를 통해 주장한 개혁 방법은 다양했어요. '가난한 백성을 돕는 제도를 실시하자', '양반이 아닌 보통 백성의 자녀도 교육을 시켜 인재를 더 많이 뽑자', '세금 제도를 개선하자' 등이었습니다.

조선은 바뀌어야 합니다!

예학 발전에 힘씀

조선 시대 선비들에게 가장 중요한 학문은 유학이었습니다. 유학의 중요한 사상 중에는 예를 실천하여 더 좋은 세상을 만들어야 한다는 사상이 있지요. 여기서 예는 우리가 요즘 자주 사용하는 말인 예절을 뜻해요. 예절은 모든 사람 사이에서 중요합니다. 그래서 유학에는 예학이라는 분야가 있었답니다.
예학은 다양했어요. 나라의 행사를 할 때 필요한 예절, 장례식이나 결혼식 때 지켜야 하는 예절, 가족 사이에 지켜야 하는 예절을 다루었지요. 나라를 다스리는 왕의 입장에서도 예학은 중요했어요. 예절이 바로 서야 나라의 질서가 안정되기 때문이지요. 이를 위해선 예학 이론을 분명히 세워야 했어요.
이유태는 우수한 유학자였는데, 특히 예학 분야에서 빼어난 지식과 실력을 갖추고 있었어요. 그래서 나라에서 예학에 관한 책을 펴낼 때, 책에 실린 내용이 맞는지 틀린지를 살피는 일에 이유태가 여러 번 참여했답니다.

역사 **체험 학습**

이유태의 발자취

초려 역사 공원

📍 세종특별자치시 어진동

이유태의 호는 '초려'입니다. 초려 역사 공원은 그의 업적을 기념하기 위해 세운 곳입니다.
이곳에는 이유태의 묘와 그를 기념하는 비석이 있어요. 또 그가 제자를 가르친 공간을 다시 세운 갈산 서원이 있습니다. 깔끔한 한옥 건물인 갈산 서원에서는 오늘날 다양한 문화 행사가 열리고 있어요.

TIP 세종시의 또 다른 역사 공원

한솔동 백제 고분 역사 공원 세종특별자치시 한솔동에 있습니다. 여기에 공원이 생긴 것은 이곳에서 백제 시대 무덤이 발견되었기 때문이에요. 공원에 있는 백제 시대 무덤은 총 14개로, 이 중 2개는 지붕을 올려 전시하고 있고, 다른 무덤은 흙을 덮고 그 위에 무덤 형태를 재현하였어요.

어서각 역사 공원 세종특별자치 아름동에 있어요. 어서각은 왕이 직접 쓴 글씨를 보관하던 건물로, 아름동의 어서각은 1846년에 세워졌어요. 이곳을 중심으로 만든 공원이 어서각 역사 공원입니다.

한솔동 백제 고분 역사 공원

세·종·위·인 | 04

아름다운 예술가 정신을 실천한 화가

장욱진

근현대 | 1917 ~ 1990 | 화가

나는 충청남도 연기군에서 태어났단다. 연기군은 오늘날 세종시 지역이야. 나는 세종시가 낳은 가장 유명한 현대 예술가란다.

인물 소개

세종시에서 태어난 장욱진은 어릴 때 서울에서 학교를 다녔어요. 1939년 일본 도쿄의 데이코쿠 미술 학교(지금의 무사시노 미술 대학) 서양학과에 입학하면서 본격적으로 미술을 배웠습니다. 졸업 후에는 귀국하여 학생들을 가르치며 작품 활동을 해 나갔어요. 나무, 새, 해와 달, 산과 아이 등의 소재를 이용하여 한국적 추상화*의 기틀을 다졌어요.

장욱진의 이모저모

시대 일제 강점기 … 대한민국

생년월일 1917년 11월 26일에 태어났어요.

직업 화가, 조각가, 판화가

태어난 곳 세종시 연동면에서 태어났어요.

한마디 자연은 나의 화실이다.

★ **추상화** 그림의 대상을 있는 그대로 그리지 않고 색, 점, 선, 면만으로 표현하는 그림

우리가 알아야 할 **장욱진** 이야기

열정은 오직 그림에만 쏟을 거야!

어릴 때부터 장욱진은 그림 그리기를 좋아했고, 재능도 있었어요. 초등학교 3학년 때는 미술 대회에서 1등을 하기도 했지요. 이 일로 그는 그림에 대한 자신감을 얻었어요.

중고등학생 때는 미술반에 들어가 더 많은 시간을 그림 그리는 데 집중했어요. 당시 조선은 일본의 지배를 받고 있었어요. 고등학생이었던 장욱진은 일본인 교사에게 대들었다가 퇴학을 당하고 말았어요.

이 무렵 그는 병을 앓아, 수덕사라는 절에서 6개월간 지냈어요. 장욱진은 절에서도 그림 그리기를 계속하였답니다.

'이제 건강해졌으니 미술 공부를 제대로 해 보고 싶어. 그러려면 우선 고등학교를 졸업해야겠지.'

병이 나은 장욱진은 고등학교에 다시 입학하여 졸업한 뒤, 일본으로 유학을 떠났습니다.

일본에서 미술 공부를 마치고 조국에 돌아온 그는 국립 박물관에서 일하면서 부지런히 그림을 그렸어요. 젊은 미술가들과 미술 모임을 만들어 토론도 하고, 전시회를 열기도 했습니다. 시간이 갈수록 화가로서 그의 명성은 커졌어요. 그리고 1954년에는 서울 대학교 미술 대학 교수가 되었습니다.

장욱진은 미술가에겐 자기만의 개성이 있는 그림을 그리는 게 중요하다고 생각했어요. 그래서 제자들을 가르칠 때 이런 말을 자주 했지요.
"미술에선 반드시 이렇게 그려야 한다는 법이 없습니다. 여러분 모두가 자신만의 개성이 있는 그림을 그리면 됩니다."

장욱진은 교수로 일하면서 경제적으로 안정된 생활을 할 수 있었습니다. 하지만 6년 후 교수 일을 그만두었어요. 제자들을 가르치다 보니, 자기 그림을 그리는 시간이 부족했기 때문입니다.

그 후 장욱진은 서울을 떠나 경기도 남양주에 있는 덕소로 작업실을 옮겼어요. 언덕에 있는 작은 집이었지요. 그는 전기도 들어오지 않는 그곳에서 12년 동안 살면서 많은 명작을 그렸어요. 그러는 사이 자연스럽게 그는 한국을 대표하는 유명 화가가 되었답니다.

1975년 그는 작업실 주변이 공사로 인해 시끄러워지자, 서울로 작업실을 옮겼어요. 이어 충청북도 수안보로, 다시 경기도 용인으로 이사했어요. 그림 그리기에 집중할 수 있는 조용한 곳으로 옮긴 겁니다.

장욱진의 마지막 작업실은 무척 작았습니다. 3평 남짓한 작은 작업실이었지만 그는 자기 생활에 만족하였어요. 원하는 그림을 마음껏 그릴 수 있었기 때문입니다.

장욱진은 돈, 명예, 지위에는 관심을 두지 않고 죽을 때까지 순수하고 소박한 삶을 살았어요. 그래서 많은 사람들로부터 큰 존경을 받았답니다.

장욱진의 업적 이야기

장욱진은 뭘 했을까?

한국적 개성이 있는 추상화

장욱진은 자기 업적을 자랑하지 않는 겸손한 화가였습니다. 하지만 미술 평론가들은 그를 한국 현대 미술을 크게 발전시킨 화가라고 평가합니다. 특히 한국의 추상화 분야에서 가장 큰 발자취를 남겼지요.

장욱진의 추상화에는 한국적인 개성이 담겨 있었어요. 서양 미술의 추상화는 소재, 기법 등에서 우리나라와 다른 것이 많습니다. 당시 화가 중에는 서양의 추상화를 본떠 그림을 그리는 화가도 있었습니다. 그러나 장욱진은 달랐어요. 한국적인 소재를 그만의 개성 있는 스타일로 표현하였지요.

장욱진 그림의 특징

장욱진은 마을, 아이, 새, 가족 등 보통 사람에게 친근한 소재들을 추상화로 표현하였어요. 또한 자기 그림을 통해 사람들이 살고 싶어 하는 순수한 세상의 모습을 표현하려고 했습니다. 그래서 그의 작품을 보면 마치 동화 속의 그림을 보는 것 같은 느낌이 든답니다.

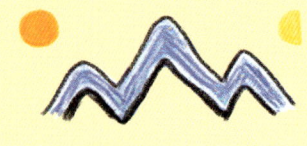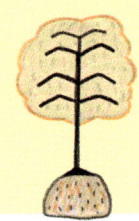

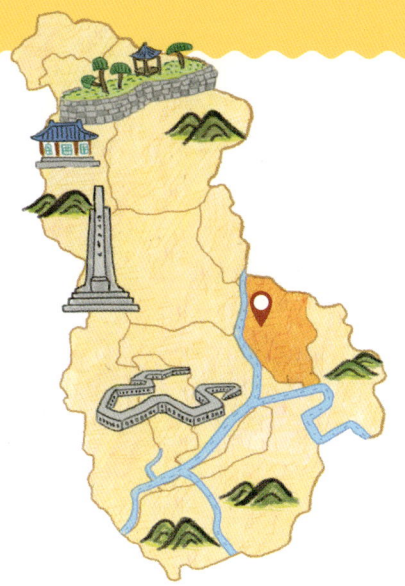

역사 **체험 학습**

장욱진의 발자취

장욱진 생가

📍 세종특별자치시 연동면 송용리

장욱진이 태어난 집이에요. 약 110년 전에 지어진 오래된 집이랍니다.

용인 장욱진 가옥

📍 경기도 용인시 기흥구
♦ 등록문화재 제404호

이곳은 장욱진의 마지막 작업실이 있었던 집입니다. 그는 1986년에 이곳으로 이사 와 오래된 한옥을 수리하여 살았어요.

양주 시립 장욱진 미술관

📍 경기도 양주시 장흥면
☎ 031)8082-4245

장욱진의 삶을 기념하기 위해 지은 미술관이에요. 이곳에서는 2017년 장욱진 탄생 100년을 기념하여 다양한 전시회가 열리기도 했습니다.

111

위인 따라 세종 체험 학습

세종 위인들의 발자취를 한눈에 살펴보아요.
앞에서 소개한 장소 중 대표적인 곳을 가려 뽑았답니다.

● 장군면

❶ 김종서 장군 묘

● 연동면

❷ 장욱진 생가

❸ 임난수 묘

● 연기면

❹ 상여 바위

❺ 숭모각

● 어진동

❻ 초려 역사 공원

● 나성동

❼ 나성 독락정

 더 알아보는 **위인**

우리도 세종 위인이야!

성삼문 (1418~1456) - 충성과 절개를 지킨 문신

시대 조선

조선 전기의 문신으로, 단종을 지키려다 목숨을 잃은 사육신 중 한 명이에요. 사육신은 박팽년, 유성원, 이개 등 여섯 명을 일컫는 말이지요. 성삼문은 집현전 학자였으며, 세종의 뜻을 받아 한글을 만드는 데 힘썼어요. 성삼문을 모시기 위해 세운 사당 문절사는 세종특별자치시 금남면에 있어요. 이곳에서 매년 음력 9월 9일에 성삼문 문화제를 열지요. 또한 이곳은 세종특별자치시 문화재자료 제1호로 지정되었답니다.

안향 (1243~1306) - 우리나라에 성리학을 소개한 문신

시대 고려

고려 시대의 문신으로, 우리나라 최초의 성리학자예요. 그는 1260년에 문과에 합격하여 벼슬에 올랐어요. 충렬왕을 따라 원나라에 갔다가 그곳에서 성리학 관련 책을 가지고 돌아왔지요. 그 후 성리학에 대해 연구하여 우리나라에 널리 알렸답니다. 안향의 후손들은 조선 숙종 때 그의 업적을 기리기 위해 합호 서원을 세웠어요. 이 서원은 세종특별자치시 연동면에 있어요. 또한 이곳은 세종특별자치시 문화재자료 제2호로 지정되었답니다.

오강표 (1843~1910) - 일제에 저항하며 순국한 애국지사

시대 조선 ⋯▶ 대한 제국

대한 제국의 애국지사예요. 애국지사는 나라를 위해 몸과 마음을 바친 사람을 말하지요. 오강표는 어릴 때부터 남의 어려움을 돕고, 억울함을 풀어 주려는 마음이 컸어요. 1905년 일제에 의해 강제로 을사조약이 맺어졌다는 소식을 듣고 고종에게 상소를 올리려 하였으나 뜻을 이루지 못했어요. 심지어 을사조약으로 인해 크게 분노하여 기절할 정도로 크게 울었다고 합니다. 1910년 대한 제국이 일본에 나라의 주권을 빼앗기자, 그는 스승의 무덤을 찾아가 스스로 목숨을 끊었다고 해요.

임정 (1554~1636) - 욕심 없는 청렴한 관리

시대 조선

조선 중기의 문신으로, 임난수의 후손이에요. 어려서부터 글공부를 열심히 하여 1591년에 과거에 합격하여 벼슬에 올랐어요. 여러 벼슬을 두루 거쳤으며, 덕망이 높아 백성들에게 존경받았어요. 또한 재물에 욕심이 없어 항상 성품과 행실이 맑았지요.

1598년에 지방 관리의 임무가 끝났을 때의 일이에요. 백성들이 임정에게 가마를 타고 갈 것을 청하였어요. 그러나 그는 나라의 물건을 개인이 함부로 쓸 수 없다며 백성들을 돌려보냈지요. 그만큼 청렴하게 살기 위해 노력했답니다.

홍직 (1571~1637) - 청나라군에 끝까지 맞서 싸운 무관

시대 조선

조선 중기의 무관이에요. 1602년에 무과에 1등으로 합격하여 벼슬에 올랐어요. 여러 고을의 관리를 두루 맡았으며, 청렴하고 덕망이 높아 백성들의 존경을 한 몸에 받았어요.

1624년 이괄의 난 때 공을 세워 높은 벼슬에 올랐어요. 1636년 병자호란 때는 정방산성에 들어가 청나라군에 맞서 싸웠어요. 조선군의 세력이 밀리자 사람들은 그에게 후퇴할 것을 요구했어요. 그러나 홍직은 끝까지 남아 최선을 다해 싸웠어요. 그는 결국 청나라군의 화살에 맞아 세상을 떠났답니다. 그의 업적은 오랫동안 알려지지 않았다가 조선 숙종 때 조정에 알려졌어요. 숙종은 홍직을 위해 정려문*을 세웠는데, 이는 지금도 세종특별자치시 전의면에 남아 있어요.

★ **정려문** 충신, 효자 등 훌륭한 사람들의 업적을 칭찬하기 위해 세우던 붉은 문

대전·세종 위인 찾기

대전

김만중	36
김옥균	56
김호연재	46
망소이	10
망이	10
민충기	78
박윤식	78
박팽년	79
송시열	26
송준길	32
신채호	66
신흠	18
이권수	79
이시직	79

세종

김종서	90
성삼문	114
안향	114
오강표	114
이유태	100
임난수	82
임정	115
장욱진	106
홍직	115

사진 출처

문화재청_ 32p / 송준길의 묘 35p / 암서재 65p / 김옥균 선생 유허 65p / 서울 우정총국 89p, 112p / 나성 독락정 99p, 112p / 김종서 장군 묘

연합뉴스_ 17p, 76p / 명학소 민중 봉기 기념탑 55p / 동춘당 문화제 111p / 용인 장욱진 가옥

위키피디아_ 75p / 뤼순 감옥(阴阳权政)

한국관광공사_ 25p, 76p / 숭현 서원 33p / 송시열의 글씐바위 34p / 남간정사 34p, 76p / 기국정 35p, 76p / 회덕 향교 35p / 송시열 묘 45p / 김만중 유허지–남해 노도, 남해 유배 문학관 52p / 오죽헌 53p / 허난설헌 생가 55p, 76p / 대전 회덕 동춘당 75p, 76p / 단재 신채호 선생 생가지 75p / 단재 신채호 기념관 111p, 112p / 장욱진 생가

지학사아르볼은 이 책에 실린 사진들의 출처를 찾기 위해 최선을 다했습니다.
혹시 잘못된 정보가 있다면 연락 주십시오. 다음 쇄를 찍을 때 꼭 수정하겠습니다.